U0572375

中外交通史籍叢刊

法顯傳校注

東晉沙門釋法顯 撰
章巽 校注

中 華 書 局

圖書在版編目(CIP)數據

法顯傳校注/東晉沙門釋法顯撰;章巽校注. —北京:中華書局,2008.11(2025.6重印)
(中外交通史籍叢刊)
ISBN 978-7-101-05758-4

Ⅰ.法… Ⅱ.①法…②章… Ⅲ.①法顯(約337~約442)-傳記②法顯傳-注釋 Ⅳ.B949.92

中國版本圖書館 CIP 數據核字(2007)第 098891 號

責任編輯:孫文穎
責任印製:管　斌

中外交通史籍叢刊
法顯傳校注
東晉沙門釋法顯　撰
章　巽　校注
＊
中 華 書 局 出 版 發 行
(北京市豐臺區太平橋西里 38 號　100073)
http://www.zhbc.com.cn
E-mail:zhbc@zhbc.com.cn
北京新華印刷有限公司印刷
＊
850×1168 毫米 1/32 · 7¼印張 · 4 插頁 · 200 千字
2008 年 11 月第 1 版　　2025 年 6 月第 4 次印刷
印數:6501-7300 冊　　定價:45.00 元
ISBN 978-7-101-05758-4

為雕造
大藏經印板
今上皇帝祝延聖壽
……計開……餘……
崇寧三年十二月　日謹題

〔東禪寺〕

法顯傳一卷　通

東晉沙門法顯自記遊天竺事

法顯昔在長安，慨律藏殘缺，於是遂以弘始元年歲在己亥，與慧景、道整、慧應、慧嵬等同契，至天竺尋求戒律。初發跡長安，度隴至乾歸國夏坐。夏坐訖，前行至耨檀國。度養樓山，至張掖鎮。張掖大亂，道路不通。張掖王殷懃，遂留為作檀越，於是與智嚴、慧簡、僧紹、寶雲、僧景同行。復進到敦煌，得與智嚴、慧簡、僧紹、寶雲、僧景遇，欣於同志，便共夏坐。夏坐訖，復進到敦煌，有塞，東西可八十里，南北可四十里。共停一月餘日。法顯等五人隨使先發，復與寶雲等別。敦煌太守李暠供給度沙河。沙河中多有惡鬼熱風，遇則皆死，無一全者。上無飛鳥，下無走獸，遍望極目，欲求度處，則莫知所擬，唯以死人枯骨為標幟耳。行十七日，計可千五百里，得至鄯善國。其地崎嶇薄瘠。俗人衣服粗與漢地同，但以氈褐為異。其國王奉法，可有四千餘僧，悉小乘學。諸國俗人及沙門盡行天竺法，但有精麤。從此西行，所經諸國類皆如是，唯國國胡語不同，然出家人皆習天竺書、天竺語。住此一月日，復……

書影一　北宋福州東禪寺本

福州　　　　　大藏經板一副　　紹興戊辰歲　月　日　謹題　通
　　　　　　　　　　　　　　　　　　　　　　　　　　　　　　　　　　　　
募緣　　　　　　　　　　　　　　　　　　　　　　　　　　　　

法顯傳一卷

法顯傳

東晉沙門法顯自記遊天竺事

法顯昔在長安，慨律藏殘缺，於是遂以弘始二年，歲在己亥，與慧景、道整、慧應、慧嵬等同契，至天竺尋求戒律。初發跡長安，度隴至乾歸國夏坐。夏坐訖，前行至耨檀國。度養樓山，至張掖鎮。張掖大亂，道路不通，張掖王段業遂留為作檀越，於是與智嚴、慧簡、僧紹、寶雲、僧景等相遇，欣於同志，便共夏坐。夏坐訖，復進到敦煌。有塞東西可八十里，南北可四十里。共停一月餘日。法顯等五人隨使先發，復與寶雲等別。敦煌太守李浩供給度沙河。沙河中多有惡鬼熱風，遇則皆死，無一全者。上無飛鳥，下無走獸，遍望極目，欲求度處，則莫知所擬，唯以死人枯骨為標識耳。行十七日，計可千五百里，得至鄯善國。其地崎嶇薄瘠，俗人衣服粗與漢地同，但以氈褐為異。其國王奉法，可有四千餘僧，悉小乘學。諸國俗人及

法顯傳一卷

東晉沙門　法顯自記遊天竺事

法顯昔在長安慨律藏殘缺於是遂以弘始
二年歲在己亥與慧景道整慧應慧嵬等同
契至天竺尋求戒律初發跡長安度隴至乾
歸國夏坐夏坐訖前行至耨檀國度養樓山
至張掖鎮張掖大亂道路不通張掖王慇懃
遂留為作檀越於是與智嚴慧簡僧紹寶雲

書影三　宋思溪圓覺藏本

法顯傳卷

法顯昔在長安，慨律藏殘缺，於是遂以弘始二年，歲在己亥，與慧景、道整、慧應、慧嵬等同契，至天竺尋求戒律。

初發跡長安，度隴至乾歸國夏坐。夏坐訖，前至耨檀國。度養樓山，至張掖鎮。張掖大亂，道路不通。張掖王慇懃，遂留為作檀越，於是與智嚴、慧簡、僧紹、寶雲、僧景等相遇。欣於同志，便共夏坐。夏坐訖，復進到敦煌，有塞東西可八十里，南北可四十里。共停一月餘日。法顯等五人隨使先發，復與寶雲等別。

敦煌太守李浩供給度沙河。沙河中多有惡鬼熱風，遇則皆死，無一全者。上無飛鳥，下無走獸。遍望極目，欲求度處，則莫知所擬，唯以死人枯骨為標幟耳。

行十七日，計可千五百里，得至鄯善國。其地崎嶇薄瘠。俗人衣服，粗與漢地同，但以氈褐為異。其國王奉法。可有四千餘僧，悉小乘學。諸國俗人及沙門盡行天竺法，但有精粗。從此西行，所經諸國類皆如是。唯國國胡語不同，然出家人皆習天竺書、天竺語。

住此一月日，復西北行十五日，到烏夷國。僧亦有四千餘人，皆小乘學，法則齊整。秦土沙門至彼，都不預其僧例。法顯得符公孫、寶雲等供養，住二月餘日。於是還與寶雲等共法顯昔在長安，慨律藏殘缺，於是遂以弘始二年歲在己亥，與慧景、道整、慧應、慧嵬等同契，至天竺尋求戒律。初發跡長安，度隴至乾歸國夏坐。夏坐訖，前行至褥檀國。度養樓山，至張掖鎮。張掖大亂，道路不通。張掖王段業遂留為作檀越。於是與智嚴、慧簡、僧紹、寶雲、僧景等相遇，欣於同志，便共夏坐。夏坐訖，復進到敦煌。有塞東西可八十里，南北可四十里，共停一月餘日。法顯等五人隨使先發，復與寶雲等別。敦煌太守李暠供給度沙河。沙河中多有惡鬼熱風，遇則皆死，無一全者。上無飛鳥，下無走獸，遍望極目，欲求度處，則莫知所擬，唯以死人枯骨為標識耳。行十七日，計可千五百里，得至鄯善國。

高僧法顯傳一卷

東晉沙門釋法顯自記遊天竺事　廣

法顯昔在長安慨律藏殘缺於是遂
以弘始二年歲在己亥與慧景道整
慧應慧嵬等同契至天竺尋求戒律
初發跡長安度隴至乹歸國夏坐夏
坐訖前至褥檀國度養樓山至張掖
鎮張掖大亂道路不通張掖王慇懃
遂留為作檀越於是與智嚴慧簡僧
紹寶雲僧景等相遇欣於同志便共
夏坐夏坐訖復進到燉煌有塞東西

書影六　高麗藏本

法顯傳一卷　自記

法顯昔在長安慨律藏殘缺於是遂以弘始

二年歲在己亥與慧景道整慧應慧嵬等

同契至天竺尋求戒律初發跡長安度隴至

乾歸國復坐復座託前行至耨檀國度養樓

山至張掖鎮張掖大亂道路不通張掖王殷

勤遂留為作檀越於是與智嚴慧簡〔　〕寶雲

書影七　古鈔本法顯傳（石山寺本）

河青有人鑿石通路施傍蹬者凡度七日

度蹄已渡懸絙過河之兩岸相去減八十步

九譯所絕漠之震裹自莫前不紀至眾僧問

法顯佛法東過其始可知乎顯云訪問彼土

人皆云古老相傳自立彌勒菩薩像後便有

天竺沙門賣經律過此河者像立在佛泥洹

後三百許年計於周氏平王時由茲而言大

教宣流始自此像非夫彌勒大士徒軌釋迦孰

能令三寶宣通邊人識法固始復蓮之開

書影八　古鈔本法顯傳（鎌倉初期本）

目　　録

3

地　圖

新版前言

　　《法顯傳校注》是已故著名歷史地理學家、中外交通史研究大家章巽（丹楓）教授的重要著述之一，曾由上海古籍出版社於1985年出版。該書的校注以北京圖書館所藏南宋刊印的《思溪圓覺藏》本爲底本，參考了多種《法顯傳》的最早印本及古鈔本，充分汲取了19世紀以來國內外學者對此書的研究成果，解決了不少疑難問題，故被學界譽爲近年來集法顯研究之大成的最有影響的力作。

　　承中華書局的厚意，《法顯傳校注》今刊行新版，收入《中外交通史籍叢刊》。作爲丹楓先生的晚輩與學生，我們備感欣慰，並致謝意。

　　由於原版存在若干印刷錯誤，故本次重版主要依據作者親筆校訂的原書作了修改，並對業已發現的其他訛誤也一併改正。此外，爲便於讀者了解原版《校注》出版二十年來，國內外學術界有關《法顯傳》研究的新成果，我們參考了德國學者寧梵夫教授（今任教於英國卡的夫大學）的新著《作爲宗教史料的〈高僧法顯傳〉——中國最早赴印佛僧之行記翻譯》(Max Deeg, *Das Gaoseng-Faxian-zhuan als religionsgeschichtliche Quelle, Der älteste Bericht eines chinesischen Buddhistischen Pilgermönchs über seine Reise nach Indien mit Übersetzung des Textes*, [*Studies in Oriental Re-*

ligions 52〕,Wiesbaden, Harrassowitz, 2005），並盡可能檢索了國內及歐美、日本學者的一些論著，以"補注"形式，一併附在這裹（不再插入原文，以免擾亂原有格式），旨在提供某些綫索，以利於有興趣的讀者作進一步的研究。寧梵夫教授對此十分支持，特地惠寄相關資料，謹此深表謝意。

徐文堪　芮傳明
2007 年 10 月於上海

序

公元第四世紀時的中國，繼西晉八王之亂後，階級鬥爭和民族鬥爭交織起來，陷入戰亂不絕、南北分崩的狀況中。黃河流域以北，有所謂十六國在無休止的戰禍中先後興起，偏安南方的東晉朝廷，也是攘權奪利，內爭不已。在這樣充滿着戰爭和變亂的局勢下，即使是統治階級，也經常感到朝不保夕，前景茫然，更不要説身受殘酷剥削、飽嘗戰亂之苦的人民大衆了。這一切，都給與佛教以迅速發展的機會。被剥削和被壓迫者産生了從宗教中找尋安慰和拯救的幻想。至於貪得無厭的統治階級，於現世的富貴權勢之外，更妄想通過宗教而享受天國之樂；何況當時戰爭那樣頻繁，局勢那樣不安，連統治階級現世的富貴權勢也還得拜求佛菩薩來保佑；加之宗教能够産生麻痹人民鬥志的作用，大有利於統治階級，統治階級於認識到這一點後，就更要來利用宗教了。因而公元第四世紀及其後的南北朝時期，佛教在中國進入了一個廣泛傳播和迅速發展的階段。

這就是寫作法顯傳這本書的法顯生時所處的時代背景。

關於法顯的生卒年，只能作大體的推定。僧祐出三藏記集卷十五法顯法師傳云，法顯"後到荆州，卒於新寺，春秋八十有二"。慧皎高僧傳卷三釋法顯傳作"春秋八十有六"，智昇開元釋教録卷三同。又，佛陀跋陀羅共法顯譯摩訶僧祇律私記載，法

1

顯於東晉義熙十四年(公元418年)二月末在建康闢場寺(即道場寺)譯畢此律;高僧傳卷三佛馱什傳載,宋景平元年(公元423年)七月以前法顯已遷化。可見法顯卒年當在公元418年2月至423年7月之間。如以得年八十二歲(與八十六歲之誤差得爲四年),卒於423年(與418年之誤差得爲五年)推算,則法顯生年得爲公元342年。他於後秦弘始元年(公元399年)從長安出發去天竺時,他的年齡,無論如何已在五十八歲以上了。

關於法顯的出生地,出三藏記集、高僧傳、靖邁古今譯經圖紀卷二、開元錄等都説他是"平陽武陽人",費長房歷代三寶紀卷七、道宣大唐内典錄卷三等但稱他爲"平陽沙門"。按:晉及十六國時平陽郡所屬唯有平陽縣而無武陽縣,當時平陽郡内亦未聞有武陽之地名,武陽或爲平陽之誤,故歷代三寶紀等即稱之爲"平陽沙門"。當時平陽郡治所即在平陽縣,縣城故址在今山西省臨汾縣西南,法顯的出生地可能即在此。

從統治者到被統治者,形形色色信奉佛教的人中,當然有許多真是虔誠歸依,甚至有不惜身命的,法顯便是其中的一人。法顯遠赴天竺取經歸來後,於義熙十二年(公元416年)冬,在建康道場寺和覺賢共譯摩訶僧祇律,有人請他寫出遊歷天竺的詳細經過,就成爲現在這一册法顯傳。傳後有一段跋文,説當時法顯自云:"顧尋所經,不覺心動汗流,所以乘危履嶮,不惜此形者,蓋是志有所存,專其愚直,故投命於不必全之地,以達萬一之冀。"跋文接着對法顯的這一偉大旅行加以頌揚,説:"於是感歎斯人,以爲古今罕有。自大教東流,未有忘身求法如顯之比!"法顯的自述和跋文對他的這幾句讚美之辭,都不愧爲實録。

法顯的遠遊天竺,當然也受到當時客觀情勢的影響。原來佛教從西漢末年傳入中國後，其初多賴中亞及印度的佛教徒來華傳譯經籍，往往篇章不備，或者轉譯失真，日漸不能滿足需要，所以從曹魏末年的朱士行開始，產生西行求法運動；此後見於記載的，西晉有竺法護，東晉初有康法朗、于法蘭，東晉中期以後有竺佛念、慧常、進行、慧辯、慧叡、支法領、法淨、曇猛諸人，都是法顯以前的先驅，而法顯也是隨着這一股潮流而前進的一人。但上述諸人中，確實到過天竺的，恐祇有慧叡、曇猛二人。他們的成就和聲名，都不及法顯。陸去海還，廣遊西土，留學天竺，携經以歸者，恐要數法顯爲第一人了。

　　而且法顯所帶歸的佛教經籍，也深合當時的需要。法顯傳開頭就說，法顯是爲了尋求戒律而去天竺的。原來公元第四世紀中隨着佛教的迅速發展，僧人人數日增，如道安在襄陽（公元365—379年），就有“師徒數百”過着集體的宗教生活，這樣，就格外需要有紀律來維持，所以道安自立三例作爲僧尼軌範，一面也積極從事律藏戒本的尋求。同時在長安方面，也因深感“經法雖傳，律藏未闡”（高僧傳卷二弗若多羅傳中語），而在努力傳譯戒律，其最著名者，如前秦建元中（公元365年—384年）有曇摩持之譯十誦戒本等三部，竺佛念等之譯鼻奈耶律，皆略早於法顯之出行；略遲於法顯之出行者，有後秦弘始中（公元399—415年）鳩摩羅什、弗若多羅、曇摩流支之譯十誦律，佛陀耶舍等之譯四分律。法顯也投身於此行列，並取得巨大的成果。他從天竺取歸的戒律，得自巴連弗邑者，有摩訶僧祇衆律一部、薩婆多衆律一部，得自師子國者，有彌沙塞律藏本。其中的摩訶僧祇衆律，法顯回國後親自在建康道場寺共佛陀跋陀羅（即覺賢）譯出；彌沙塞律則於法顯身後不久由佛馱什等譯出；唯薩婆多衆律未譯（當法顯歸時，鳩摩羅什、弗若多羅等先已譯出十誦律）。

3

按，佛家律有五部，即薩婆多部十誦律，曇無德部四分律，婆麤富羅部律（一名摩訶僧祇衆律），彌沙塞部五分律，迦葉維律。迦葉維律未至中國，至中國四部中，法顯携歸者有三部，可見他對戒律流傳的貢獻之多了。

法顯是一個學問僧，他去天竺尋求戒律，也未忽視經義方面的研求。前秦建元之末，道安在長安主持譯事，提倡一切有部之學，罽賓沙門羣集西京，最著名者如僧伽提婆，爲有部毗曇大家，於建元十九年（公元 383 年）譯阿毗曇八犍度論（即發智論），道安爲之序；其後提婆南至廬山，又受慧遠之請於東晉太元十六年（公元 391 年）譯阿毗曇心。當此毗曇學在我國開始傳播之際，而法顯自天竺携歸經本中，也有雜阿毗曇心和摩訶僧祇阿毗曇，雜阿毗曇心法顯歸後且曾共覺賢譯出（今闕），這是法顯對毗曇學的貢獻。

法顯求得的其他一些經本，如長阿含、雜阿含等，也都是極爲重要的佛典。而影響更大的，是他携歸的方等般泥洹經。隨着晉末宋初階級對抗的加深和佛教發展的擴大，繼和魏晉玄學思想相結合的般若學之後，而有涅槃佛性學說之大興，衝破局限於社會某一部分的樊籬，宣揚“一切衆生皆有佛性”，直接向最廣大的人間發動誘力。對於這一佛教教義和佛教活動的新發展、新擴大，法顯携歸建康並即同佛陀跋陀羅譯出的方等般泥洹經（亦稱大般泥洹經或方等大般泥洹經，即六卷泥洹）實起了推波助瀾的重要作用。

所以法顯歷遊天竺歸來後對我國佛教的貢獻，乃是多方面而且影響甚大的。

法顯遠赴天竺，以及他的尋求經律，傳布毗曇，推動涅槃佛性學説之大興等等，已經使他在中國佛教史中占有重要的一席。而在今天説起來，法顯自記歷遊天竺經過的法顯傳，更吸引了我們的注意。這真是一部偉大的作品。它叙述了法顯以六十左右的高年，爲了自己的信念，奮不顧身，從長安出發，通過河西走廊，度越今天新疆境内艱難的大沙漠，踰葱嶺之險，取道今印度河流域而入恒河流域，即經今巴基斯坦入阿富汗，又返巴基斯坦境内，然後東入印度，並曾穿行尼泊爾南部而達恒河下游的佛教中心地，在摩竭提國首都巴連弗邑留住三年，學梵書梵語，抄寫經律，乃渡海至師子國，即今斯里蘭卡，又住二年，續得經本，然後航海東歸，中途在今蘇門答臘或爪哇作短暫停留，繼續北航，一路飽受風濤之苦，終於到達今山東半島南部的嶗山，轉由陸路南下至建康。他於後秦弘始元年（公元 399 年）發長安，東晉義熙八年（公元 412 年）歸抵嶗山登陸，次年達建康，首尾計有十五年之久。法顯傳就是法顯自己對於這一歷時十五年的長途而艱巨的旅行的親筆記録。

法顯傳在歷代著録中，有很多不同的名稱，如：

出三藏記集卷二作：佛遊天竺記一卷。

水經注卷一、卷二作：法顯傳。

　卷十六作：釋法顯行傳。

法經等衆經目録卷六作：佛遊天竺記一卷（歸入"西域聖賢傳記"，云是"西域聖賢所撰"）。

　又有法顯傳一卷，法顯自述行記（歸入"此方諸德傳記"）。

歷代三寶紀卷七作：歷遊天竺記傳一卷。

隋書卷三十三經籍志史部雜傳類作：法顯傳二卷。

　又有法顯行傳一卷。

地理類又有佛國記一卷(原注:沙門釋法顯撰)。

道宣集神州三寶感通錄卷中梁荊州優塡王栴檀像緣二十八
　　(亦見太平御覽卷六百五十七闕名像記)作:佛遊天竺記。

大唐内典錄卷三作:歷遊天竺記傳。

道世法苑珠林傳記篇作:歷遊天竺記傳一卷,右東晉平陽沙門
　　釋法顯撰。

後漢書西域傳李賢注作:釋法顯遊天竺記。

　　又作天竺國記。

徐堅等初學記卷二十三作:佛遊天竺本記。

開元釋教錄卷三作:歷遊天竺記傳一卷(原注:亦云法顯傳,
　　法顯自撰,述往來天竺事,見長房錄)。

　　又有:佛遊天竺記一卷(原注:見僧祐錄)。

　　又卷十三,卷十七,卷二十均有:法顯傳一卷,並注出"亦云
　　歷遊天竺記傳"。

杜佑通典卷一百七十四作:釋法明(國諱改焉)遊天竺紀。

　　卷一百九十一作:法明遊天竺記。(四庫全書總目提要云:
　　"通典引此書,又作法明,蓋中宗諱顯,唐人以'明'字代
　　之,故原注有'國諱改焉'四字也。")

圓照貞元新定釋教目錄卷五作:歷遊天竺記傳一卷(原注:亦
　　云法顯傳,法顯自撰,述往來天竺事,見長房錄)。

　　又有佛遊天竺記一卷(原注:見僧祐錄)。

　　又卷二十三,卷二十七,卷三十均有:法顯傳一卷,並注出
　　"亦云歷遊天竺記傳"。

太平御覽卷六百五十三及六百五十七作:法顯記。(其前一
　　則引自法顯傳經律過新頭河開始東傳一段,文句經改寫,且
　　有誤字;後一則引自大唐西域記卷十一僧伽羅國金像寶髻

一段,誤題作法顯記。)

宋史卷二百五藝文志子類下道家類附釋氏類作:法顯傳一卷。

自北宋以下歷代刊刻之大藏經多作:法顯傳一卷;唯金代趙城
藏本作:昔道人法顯從長安行西至天竺傳一卷;高麗藏本
作:高僧法顯傳一卷。

自明代以下諸叢書刊本,如祕册彙函、津逮祕書、唐宋叢書、增
訂漢魏叢書、學津討原等,均作:佛國記一卷;唯稗乘作:三
十國記;張宗祥據明鈔本輯印說郛卷四作:法顯記。

以上這些不同的題名,所指皆即一書。佛國記首見稱於隋
志,但隋志原注就已説明是"沙門釋法顯撰",今傳世的各本佛
國記,也都同於法顯傳。歷遊天竺記傳即是法顯傳,自開元錄以
下皆有明文注記。所以法顯傳、佛國記、歷遊天竺記傳之爲同書
異稱,並不發生問題。唯佛遊天竺記和歷遊天竺記傳是否爲一
書,學者間嘗有異説。但初學記卷二十三所引之佛遊天竺本記,
當即佛遊天竺記,其中所載達嚫國迦葉佛伽藍一段,實與今法顯
傳(即歷遊天竺記傳)所載者符合;集神州三寶感通錄卷中及太
平御覽卷六百五十七所引之佛遊天竺記,其中所載佛上忉利天
一夏爲母説法云云,也和今法顯傳僧伽施國一節中所載者相似。
由此看來,佛遊天竺記和歷遊天竺記傳應當即是一書。開元錄
卷三和貞元錄卷五雖兼載歷遊天竺記傳和佛遊天竺記兩名,但
於佛遊天竺記下皆注"見僧祐錄",又皆注"闕本",則智昇和圓
照都並未見到佛遊天竺記這一"闕本"的書,難怪他們都不知其
即爲歷遊天竺記傳而誤入了。唯法經等衆經目錄卷六不但兼收
佛遊天竺記和法顯傳,且以前者爲"西域聖賢所撰"的"西域聖
賢傳記",以後者爲法顯自述的"此方諸德記",似明白分作兩
書,致引起後人之紛紜。此蓋法經等倉卒成編,一時疏於查核,

未可即以爲據。衆經目録之誤分一書爲二,可由出三藏記集(即僧祐録)而證明之。我們今天所見最早著録法顯所傳經記的,是出三藏記集,其卷二法顯名下一共舉出書名十二部,但其中稱爲自西域的中天竺、師子國帶回之梵文胡本僅十一部(譯出者大般泥洹等六部,未譯出者長阿含經等五部),尚有一部即"佛遊天竺記一卷",固未嘗歸入梵文胡本之中,蓋即法顯自撰之歷遊天竺記傳,亦即法顯傳,而非出於"西域聖賢"之手的另一部書。

又水經注中所載,有法顯傳和法顯行傳二名;隋書亦然,並記明法顯傳二卷,法顯行傳一卷。這可能是由於法顯傳有詳略二本之故。今本法顯傳的跋文,大約是東晉義熙十二年(公元416年)法顯在建康道場寺譯經時他的檀越之所題,其中本有"先所略者,勸令詳載"之語。今本法顯傳後出,應爲詳本,其先應尚有一略本。所稱法顯行傳之一卷本,或即略本,法顯傳之二卷本,或即詳。略本今當已不傳,今之傳本蓋爲詳本,特亦已改爲一卷耳。

除了法顯傳、佛國記、佛遊天竺記、歷遊天竺記傳以外,本書還有如前所舉的其他一些名稱,最長的要數金代刻本趙城藏中昔道人法顯從長安行西至天竺傳的十四字題名。這一些名稱之同指法顯傳,皆不成問題,無待煩言。

在我國佛教史上,東晉末年的法顯常和唐代早期的玄奘並稱。正如唐代另一著名僧人義淨在他所著的大唐西域求法高僧傳中所説:"觀夫自古神州之地,輕生殉法之賓,顯法師則創闢荒途,奘法師乃中開王路。其間或西越紫塞而孤征,或南渡滄溟以單逝。……然而勝途多難,寶處彌長,苗秀盈十而蓋多,結實

8

罕一而全少。寔由茫茫象磧，長川吐赫日之光；浩浩鯨波，巨壑起滔天之浪。獨步鐵門之外，亘萬嶺而投身；孤漂銅柱之前，跨千江而遺命。"義淨這番話，説出了晉、唐當時求法僧人往來中國和南亞間旅程中的困苦和危險，並特別提出其先驅者法顯和玄奘的重要性，也是把他們兩人同時並舉。對比起來，創闢荒途自然要較繼開中路更加艱難，這一點是很明白的。而且玄奘之去印度和從印度歸來，都取道陸上，不如法顯之陸去海還，曾身歷鯨波巨浪之險。還有一層，玄奘離長安啓程西出時，雖然和法顯一樣只是一個普通的僧人，但到高昌後便結識了高昌王麴文泰，約爲兄弟，臨別時高昌王曾大加幫助。據大慈恩寺三藏法師傳卷一所載，麴文泰當時"爲法師度四沙彌以充給侍，製法服三十具，以西土多寒，又造面衣、手衣、靴、韈等各數事，黃金一百兩，銀錢三萬，綾及絹等五百疋，充法師往還二十年所用之資。給馬三十疋，手力二十五人，遣殿中侍郎史歡信送至（西突厥）葉護可汗衙。（據續高僧傳卷四玄奘傳，"以大雪山北六十餘國皆其部統，故重遣遣奘開前路也"。）又作二十四封書通屈支等二十四國，每一封書附大綾一疋爲信。又以綾、絹五百疋，果味兩車，獻葉護可汗，並書稱'法師是奴弟，欲求法於婆羅門國，願可汗憐師如憐奴，仍請敕以西諸國給鄔落馬遞送出境'"。可見玄奘經過高昌後的繼續西行，是擁有這樣許多優越條件的。慈恩傳接着還説，玄奘一路前進，"其所經諸國王侯禮重，皆此類也"。後來玄奘中途之遇葉護可汗，在印度之遇鳩摩羅王及戒日王等，就是慈恩傳這兩句話的例證。至於玄奘歸國後之在唐太宗、高宗父子種種庇護下完成他的大量譯經盛業，更爲眾所周知。對比起來，法顯的遠征天竺，雖也曾得到過如張掖王段業、敦煌太守李暠這樣一些人的施捨供給，但基本上法顯始終是一個尋常的行脚僧；他在天竺的巡遊和居留，以及學梵書梵語，寫律傳經，皆出之以平淡；求經歸來到建康後，從事傳譯的法顯，也還是一個尋常的譯經和尚，不曾聽見他有甚麼攀龍附鳳的活動；暮年死於荆州新寺，事迹都不很清楚了。這樣看來，法顯因於外力者少，而自身奮發者多，松風山月，似乎更覺高人一等了。

更就法顯的法顯傳和玄奘的大唐西域記這兩部著名的傳記而言，恬退恭順的法顯，能有時間親筆寫下他的遊記，言輒依實，質樸明暢；而玄奘却不得不假手辯機代筆寫下他的遊記，雖然文詞絢爛，却也不免帶上一些浮華的色彩。且法顯傳雖然質樸，但由於親身經歷，親筆自寫，常能在行間字裏發射出深厚的感情，十分觸動人心，有許多境界往往是大唐西域記所未能達到的。如過小雪山（在今阿富汗東部賈拉拉巴德附近）時記同伴慧景之死，法顯撫之悲號的情景，又如記在師子國（今斯里蘭卡）無畏山僧伽藍中青玉像前見商人以晉地一白絹扇供養時，法顯見物懷鄉，不覺悽然，淚下滿面的情況，都可見法顯的深情流露于紙面，千載之下，感人猶新。所以法顯傳這部書，實在也具有極高的文學價值。

而且，法顯傳全書所記述到的地域範圍，除中國本國外，還包括了中亞、南亞和東南亞，對於當時這樣一個廣大地區的地理、交通（包括從南亞到中國的航海交通）、宗教、文化、物產、風俗，乃至社會發展、經濟制度等等，無不有所述及，成爲研究公元第五世紀初亞洲歷史的重要史料。在我國的佛教經録和經藏中，法顯傳向來受到重視而被收入。特別自從十九世紀以來，隨着東西交通的日益增進，除了我國的學者外，歐洲和日本的學者也紛紛從事法顯傳的翻譯、整理和研究，這都是有見於此書的重要性而産生的結果。諸家舊作,時歷多年,我們今天正應該在前人所取得的成績上繼續努力,寫出新的校注本,以便利現代的讀者。法顯傳中還記載着當時中國和亞洲許多鄰族、鄰國間的密切友誼和文化交流,這些寶貴的歷史記録,十分值得加以發揚,來增進今天我國和亞洲各國間的友好關係,這也正是我們當前應盡的責任。

這一册法顯傳校注,就是在上述的認識上來編寫成書。至於有關校注工作的一些具體説明,包括對我編寫本書時所曾參考的法顯傳宋刻本五種、金刻本一種、古鈔本三種以及其他一些有關資料的介紹,另詳於後,兹不多及。

二十餘年來,經常得和姚楠教授共同從事中外交通史和歷史地理等方面的研究工作,實爲幸事。這册法顯傳校注的完成,也和他的熱情鼓勵分不開,這是我首先應該表示謝意的。

蘭州大學歷史系湯季芳教授一直關心本書的編寫工作,通過他的慷慨聯繫,承日本京都大學井上清教授熱情惠寄長澤和俊教授的宮内廳書陵部圖書寮本法顯傳校注(附有宋刻開元禪寺本法顯傳的影印本)以及天理圖書館影印的石山寺本和鎌倉初期本兩種法顯傳古鈔本。開元禪寺本法顯傳乃北宋東禪寺本法顯傳的化身,兩種古鈔本也都十分珍貴,都對本書的校釋工作有重大的幫助。對井上清和湯季芳兩位教授,敬此表示我衷心的感謝。有緣讀到長澤和俊教授的大作,也甚感欣幸。

承華東師範大學羅祖德同志多次代向師大圖書館借用圖書;上海教育學院楊廷福同志也曾惠借日文參考用書;上海塑料製品工業研究所龔方震同志惠贈足立喜六氏所著法顯傳——中亞、印度、南海紀行の研究,並對若干梵文的復原工作代爲校畢;

金竹安同志所繪地圖，爲本書生色不少。特在此對以上各位同志表示感謝。

　　還要感謝上海古籍出版社編輯部姜俊俊同志，在本書的寫作編校及付印諸過程中，經常得到她的許多協助。又我在復旦大學歷史系爲研究生芮傳明、黃靖兩同學講授"史料分析"時，用法顯傳校注的原稿作爲教材的一部分，他們曾爲我將原稿清鈔一遍，以便交付排印，也在此表示謝意。

章　巽

1981 年 8 月 26 日

校 注 説 明

(一)法顯傳的最早印本和古鈔本

本書校注工作曾參考過的若干法顯傳最早印本和古鈔本，茲先作一説明。

北宋刊刻的崇寧萬壽大藏，北宋至南宋刊刻的毗盧大藏，南宋刻印的思溪藏兩種(思溪圓覺藏和思溪資福藏)及磧砂藏，裏面都有法顯傳，且都至今仍有保存。這五種法顯傳，再加上金代刊刻的趙城藏中的法顯傳，就是本書校注工作中所曾參考的法顯傳的最早印本。

崇寧萬壽大藏　元豐三年(公元1080年)始工開雕於福州東禪寺，其中的法顯傳係崇寧三年(公元1104年)雕造——以下簡稱東本。

毗盧大藏　政和二年(公元1112年)始工開雕於福州開元禪寺，其中的法顯傳係紹興十八年(公元1148年)雕造——以下簡稱開本。

思溪圓覺藏　紹興二年(公元1132年)在湖州思溪圓覺禪院開雕，其中有法顯傳——以下簡稱圓本。

思溪資福藏　一般認爲淳熙二年(公元1175年)在湖州(後改名安吉州)思溪法寶資福禪寺始工開印，其中的法顯傳係嘉熙三年(公元 1239 年)印造——以下簡稱資本。

磧砂藏 約寶慶(公元 1225——1227 年)初年始工開雕於平江府(即蘇州之改名)磧砂延聖院,入元代乃竣工,其中法顯傳雕造年未詳——以下簡稱磧本。(磧砂藏 1935 年有影印本出版,稱爲影印宋磧砂藏經。)

趙城藏 約由金代皇統八年(公元 1148 年)至大定十三年(公元 1173 年)間刊刻,原存山西趙城縣廣勝寺,爲世界孤本,今移藏北京圖書館。趙城藏中有法顯傳,爲法顯傳北方流傳系統中的重要刻本——以下簡稱金本。

本書校注工作中曾參考的手寫本法顯傳,是十二至十四世紀中先後傳錄的三種日本古鈔本。它們是:

日本長寬二年(公元 1164 年)的古鈔本,前有"石山寺一切經"印記——以下簡稱石本。

日本鎌倉初期(十二世紀末至十三世紀初)的古鈔本——以下簡稱鎌本。

日本應永七年(公元 1400 年)的古鈔本(日本京都市南禪寺所藏)——以下簡稱禪本。

(1)東本和開本

藏有東本法顯傳的是日本京都市大宮西九條東寺經藏和京都府宇治郡醍醐寺上醍醐經藏;藏有開本法顯傳的是日本宮內廳書陵部圖書寮、京都市知恩院經藏和舊金澤文庫(此本後來已另歸他人)。由於東本、開本這兩種本子都尚有保藏於日本,日本學者足立喜六氏在他所撰的考證法顯傳(1935 年出版,以下簡稱足立氏書初版;此書於 1940 年再版,改稱法顯傳——中亞、印度、南海紀行の研究,以下簡稱足立氏書)中遂首先加以

14

利用,對法顯傳的校勘和研究作出了重要的貢獻。東本爲北宋刻本,是今存的法顯傳最早印本,開本印於南宋初的1148年,較東本之印於1104年者遲了四十四年,但足立喜六氏對校的結果,在他的書中舉出,兩本文字可說完全一樣,祇有極少幾個字的字畫稍有繁簡和不同。即:一、卷首發跡長安的時間,東本作"歲在己亥",開本作"歲在巳亥";二、東本的"初發跡長安",開本作"初發跡長安";三、鄯善國中東本的"但以氈褐爲異",開本作"但以氈褐爲異";四、焉夷國中東本的"遂返遷向昌",開本作"遂返遷向唱";五、那揭國城有關佛僧伽梨的記載,東本的"禮佛供養",開本作"禮拜供養";六、拘薩羅國舍衛城南東本的"初到祇洹精舍",開本作"初到祇洹精舍";七、王舍城附近東本的"彫鷲窟",開本作"鵰鷲窟"。此外,兩本後面各附有字音,足立氏書中所舉出的,也祇有三處略異,即:一、東本字音中一處之"袴褐",開本字音作"裈褐";二、東本字音中一處注釋"湯突"二字,說上一字"正作盪",開本字音却說上一字"正作濫";三、東本字音中一處注"銅杆,下盂字",開本字音注"銅杆,下于字"。東本和開本內容既如此相合,且版式也完全一樣,都是每開六行,行十七字,因之足立氏書認爲:兩本同在福州開刻,開本若非與東本用同一之底本,則必即根據東本雕造,是一種東本的翻刻本,故開版雖在南宋時,由內容上言則屬北宋版,總之,"兩者相等"。所以日本的學者,認爲開本即是東本的化身,每將開本歸入於北宋本。我們祇要看看本書前面所附的圖版(一)和圖版(二),便可略見東本和開本之"兩者相等"的實際情况了。

(2)圓本和開本

北京圖書館藏有南宋紹興二年(公元1132年)雕印的圓

本，1955 年曾由文學古籍刊行社影印出版。足立喜六氏於三十年代中撰印考證法顯傳以及後來再版時，都未見到過此本。但日本早稻田大學長澤和俊教授於 1970 年撰宮內廳書陵部圖書寮本法顯傳校注（以下簡稱長校）時，則就以開本爲底本，以圓本和高麗藏本來校字。長校（3—4 頁）認爲圓本係以北宋本開元寺本（即開本）作爲底本，再以當時所見其他異本來校補，兩者實屬同一系統，而高麗藏本則另屬一系統。長校并列出簡表，認爲法顯傳的雕印流傳，有Ⓐ Ⓑ兩個系統如下：

 Ⓐ東禪寺本（東本）→開元寺本（開本）……

       ↓

    Ⓐ 思溪藏本（圓本）→元藏本……

 Ⓑ高麗藏本

以上是長校提出的看法。

  對於圓本和開本之間的關係，我也曾進行了觀察。兩本版式相同，都是每開六行，每行字數，開本都是十七字，圓本基本都是十七字，但有的地方多至十八字，十九字，甚至二十字的。開本本文，共八百零一行，圓本共八百十九行，這是因爲圓本比開本增補了毗舍離城西北放弓仗塔一大段三百零八字，計十八行（每行十七字，有兩行十八字），如果除去這十八行，那麽也就祇有八百零一行，和開本一樣了。（關於圓本較開本增補三百八字一事，詳見本書中天竺〔毗舍離國〕節）。至於這八百零一行裏面，圓本有的地方會多至十八字、十九字乃至二十字的，全是因爲對北宋本進行了校訂後有字增補之故。圓本根據當時所見異本對北宋本增補上去的，向來最引起注意的有三處，一即〔焉夷國〕節中“秦土沙門至彼都不預其僧例”之十二字；二即上述〔毗舍離國〕節之三百餘字；三即師子國〔王城及佛齒供養〕節中關於摩尼珠庫藏之十三字。湯用彤氏以爲圓本此三處都補得很好（詳見以下各條校注）。此外，圓本對北宋本校正誤字和增補脱字的地方，也有改得好的，舉幾個例來看：如記弗樓沙國時之改"牧牛兒"爲"牧牛小兒"，記迦維羅衛城時之改"令泉水出"爲"令泉水出"，皆與水經河水注引文更相合；記拘薩羅國舍衛城時之改"此中國有十六種道"爲"此中國有九十六種外道"，記王舍城附近賓波羅窟時之改"佛食後常於此禪"爲"佛食後常於此坐禪"，都增補了脱字；記荓沙王舊城時之改"頗鞞"爲"頌鞞"，改正了錯字，與梵文原名 Aśvajit 相合。但也有改得不好，改錯了的，也舉幾個例來看：如記張掖王段業，北宋本誤作"張掖王改業"，其致誤之由來還有些綫線索可尋，而圓本改作"張掖王慇懃"，則錯得更遠了；又如記摩頭羅國時，北宋本説"有遥捕那河"，此即古印度之 Yamunā 河，今稱朱木拿河（Jumna），本不誤，圓本改作"又經（逕）捕那河"，反而改錯了；又如記僧伽施國時，北宋本作"佛上忉利天三月爲母説法"，圓本把"三月"改作"三日"，也改錯了（這可能是雕版時誤刻的）。還有記師子國貝多樹時，北宋本即福州版的東本和開本有"柱雖中裂，猶畏其外"的記述，這個"畏"字顯然有錯誤，圓本校改成"柱雖中裂，猶裏畏其外"，仍不通順。推圓本本意，是要改"畏"字爲"裏"字，但不知因何仍留下原來的"畏"字未删去，仍爲誤句，後來南宋版的資本和磧本也都跟着圓本錯下去。圓本這一處的錯誤，却也留下了一點痕跡，可以看得出它本來是用福州版爲底本，但曾進行過校改而加以翻刻的。

從我以上這些觀察，來看前已述及的長校（3—4 頁）所提的看法，可見到其中的合理處。不過長校在雕造的時間上有一些講不通的地方。開本上印有紹興戊辰即紹興十八年（公元 1148

17

年)雕造的題記，而我所見到的思溪圓覺藏印本題記皆作紹興二年（公元 1132 年），早於開本者十六年，早印的圓本如何能以遲印十六年的開本來做底本呢？由此可見圓本據以校改翻刻的底本雖爲福州版，但應爲福州版中的東本而非開本。所以圓本和開本之間應該並沒有甚麼直接的關係，和圓本有密切關係的乃是東本，圓本乃是據東本而認真校訂增改過的翻刻本，是一個有北宋本之長且經過校改的好本子。當然，圓本的校訂工作也留下一些錯誤，仍應該用東本、開本等古刻本和其他古鈔本（如下面要説到的石本、鐮本等）再來加以校正。

（3）圓本和資本

南宋時湖州（後改安吉州）歸安縣（今吳興縣）東南三十五里的思溪，是一個不大的農村，但在南宋一代卻印過兩次大藏經。第一次於紹興二年（公元 1132 年）在思溪圓覺禪院由密州觀察使致仕王永從全家捐資雕印，故稱思溪圓覺藏或思溪王永從版；第二次約從淳熙二年（公元 1175 年）開始分別印行，施財者不限一人一家，因在思溪法寶資福禪寺付印，故稱思溪資福藏或安吉州藏。思溪資福藏本法顯傳（資本）印於嘉熙三年（公元 1239 年），現日本東京市增上寺經藏及埼玉縣川越喜多院經藏均有收藏。足立氏書中曾引用增上寺本來校字。我這次將足立氏書中引用過的資本字句，來和圓本對比，兩本可説完全相同。思溪祇是一個小地方，百年之間，何以竟能開雕兩版大藏經？這一疑問，學者間本來早已發生。王國維氏於兩浙古刊本考卷下就已提出，他懷疑思溪資福藏就是利用思溪圓覺藏原來的雕版，整理增補一下，再一次加以印行，未必另刻過新版。葉恭綽氏於歷代藏經考略中也説他研究的結果，"思溪圓覺藏版式，與思溪資福藏完全相同,皆每版三十行,行十七字,其字體之方勁,亦復相類。……故謂資福即圓覺之後身,其說頗足置信。"我曾經注意到,雕印圓覺藏的寺院,有下面這幾個名稱:

甲、思谿圓覺法寶寺(見嘉泰吳興志引黃學士文集思谿圓覺法寶寺舍利塔記。記文稱"宋崇信軍承宣使王公永從宣和間仕於朝,……既謝事而歸,則捨家造寺建塔"。)

乙、思谿圓覺禪院(見嘉泰吳興志。志文稱此院係"宣和中土人密州觀察使王永從與其弟崇信軍承宣使永錫創建賜額"。)

丙、法寶禪院(見古今圖書集成方輿彙編職方典湖州府部。下文稱此院"在縣南思溪,宋宣和中建,今廢爲民居"。)

可見此圓覺法寶寺亦即圓覺禪院亦即法寶禪院,創建於宋宣和時,而其廢爲民居,大約在明末清初。至於印造資福藏的寺院,其名稱有:

甲、安吉州思溪法寶資福禪寺(見葉恭綽氏歷代藏經考略,載張菊生先生七十生日紀念論文集。)

乙、湖州路思溪法寶寺(見日本增上寺緣山三大藏經緣起所記。據所記,此乃日本後宇多院建治元年(1275 年)日僧傳曉入宋帶歸,時爲南宋德祐元年,即元世祖至元十二年,故安吉州又改湖州路矣。)

圓覺禪院也好,資福禪寺也好,都帶法寶之名,有時就直稱之爲法寶禪院或法寶寺。看來圓覺和資福,分明就是一個寺院;圓本和資本,分明就在同一寺院且基本上用同一副經版先後兩次的印本。由法顯傳的圓本和資本字句之相同,更足爲此增一實證。

不過足立氏書的校記中所引用的資本文字,也有不到十個字和圓本不同，這可能是印圓本的舊雕版有一點損壞，再印資本時曾加修補，因而發生差異；也可能是足立氏的筆誤，因爲足立氏書中的校記，無論是初版或再版都有一些錯字。

足立氏書（15—16 頁）謂南宋版的資本不獨有三處（當即前述有關焉夷國、毗舍離國、師子國之三處）爲北宋版所無，且其字句內容亦頗與北宋版異趣，而與元、明藏經本、諸叢書本、乃至高麗藏本近似，故南宋版傳來之系統異於北宋版，而可視之爲元、明版法顯傳的底本。足立氏認爲資本和北宋版是從不同的系統流傳下來的這一看法，顯然是錯誤的。因爲我們已看到，資本是圓本的後身，圓本又是北宋版東本經過認真校補的翻刻本，怎樣能説南宋版的資本和北宋版不是屬於同一個流傳系統呢？

（4）磧本

磧砂藏開雕（約公元 1225 年）離圓覺藏開雕（公元 1132 年）不到一百年，離資福藏的開印（公元 1175 年）不過五十年。磧砂藏印經的所在地是平江府（今蘇州市）東南陳湖北一個叫做磧砂的沙洲，圓覺藏和資福藏印經的所在地是湖州歸安縣（今吳興縣）東南一個叫做思溪的農村，兩地都在太湖之東南，相距不過二百里左右。磧砂藏的雕印，其受思溪兩藏的影響自在意料之中。故今磧本和圓本兩法顯傳內容亦甚相似。磧本或即以圓本爲底本，略加校改而開雕。

足立喜六氏認爲南宋版的資本可視之爲元、明版法顯傳的底本，是説得通的。我們從日本大正新修大藏經的法顯傳校記中也可看出南宋——元——明版之間的蟬連之跡。

所以，從北宋版的東本及其化身開本，一傳而爲南宋版的圓本及其後身資本，再傳而爲磧本，又傳而爲元、明諸本，這就是法

20

顯傳刻本在南方的一個流傳系統。

(5) 金本

　　藏於北京圖書館的金刊本趙城藏,其刊刻年代(約由公元1148至1173年)相當於南宋初期,爲世界孤本,極其珍貴。其中的法顯傳現却收藏於臺灣省歷史語言研究所。該所的集刊(1974年第四十五本第三分)載有饒宗頤氏金趙城藏本法顯傳題記一文,記中引用了金本法顯傳文的一小部分文句;記後又附刊有兩張附圖,影印了金藏法顯傳卷首的四十五行,内容至于闐國一節中的"法顯等欲觀行像"句爲止。從這一部分文句看起來,其最主要的特點,就是它和高麗藏本(高麗新版藏經本,高麗高宗丙午歲即公元1246年雕造——以下簡稱麗本)之相近。足立氏書曾取麗本校字,大正藏五十一卷所收高僧法顯傳即以麗本爲底本,今以所見到的金本文字和麗本對比,兩本之間有許多獨特的相同之處,迥異於法顯傳的其他古刻、古鈔本。舉例如下:

〔耨檀國〕前行至耨檀國:金、麗兩本皆作"前至耨檀國"。

〔張掖鎮〕張掖王段業:金、麗兩本皆誤作"張掖王慇懃"。

〔鄯善國〕鄯善國:金、麗兩本皆作"都都國"。

〔焉夷國〕不預其僧例:金、麗兩本下皆多"也"字。

　　　符行堂公孫:"堂"字金、麗兩本皆作"當"。

　　　不修禮義:"義"字金、麗兩本皆作"儀"。

〔于闐國〕安堵法顯等於僧伽藍:金、麗兩本皆作"安頓供給法顯等於僧伽藍"。

　　　十四大僧伽藍:金、麗兩本皆作"有四大僧伽藍"。

〔竭叉國〕有佛唾壺以石作:金、麗兩本下皆多"之"字。

沙門法用轉轉勝：金、麗兩本皆少一"轉"字。

〔那竭國〕影西百步許：金、麗兩本皆作"影西四百步許"。

〔僧伽施國〕火境火境：金、麗兩本皆作"大墳大墳"。

〔拘薩羅國〕池流清淨：金、麗兩本皆作"精舍左右池流清淨"。

齧其腰帶斷：金、麗兩本皆作"嚙其腰帶帶斷"。

地即劈裂：金、麗兩本皆作"地即裂"。

〔達嚫國〕穿大石山作之：金、麗兩本皆作"穿大石山作之"。

諸層室中：金、麗兩本皆作"諸僧室中"。

其室四角頭：金、麗兩本皆作"其室四角"。

〔長廣郡登陸後〕法顯遠離諸師久：金、麗兩本無"遠"字。

出經律：金、麗兩本作"出經律藏"。

停六年還三年：金、麗兩本作"停經六年還經三年"。

晉義熙十二年：金、麗兩本下皆多"矣"字。

故投命於不必全之地：金、麗兩本皆作"故投命於必死之地"。

這祇是一部分的例子，但由此已可見，若非金本和麗本出自相同或相近之祖本，即麗本曾以金本爲祖本或祖本之一種，這可說是法顯傳刻本在北方的一個流傳系統。

綜上所述，似可將法顯傳刻本自北宋後期以後的流傳情況，表示如下：

```
                    〔南統〕東本──→圓本
十二世紀以                    ‖        ‖      ──→磧本──→元、明諸本
後法顯傳刻                    開本     資本
本的流傳
                    〔北統〕金本 …… 麗本──→麗本諸孳生本
```

(6)日本古鈔本三種

　　第一種法顯傳的古鈔本,就是足立氏書曾參用過的日本滋賀縣石山寺經藏中著名的古寫本,因稱石山寺本,簡稱石本。足立氏當時未能定石本之確年,但謂石本爲相當古代之寫本,又謂石本多與北宋版之東本、開本相同,"乃傳寫北宋版或同時代而來歷不同之其他宋版者"。日本天理圖書館於1980年已將石本影印出來,我有幸得見其真面目。此本前有"石山寺一切經"的印記,卷末有"長寬二年十一月十四日於勸修寺東院書寫了,奉爲先師聖靈,殊致丹心染紫毫。信寶"的後記,則其書寫年明明爲日本長寬二年,即公元1164年,不知足立氏當初何以未見石本後記。東本、開本所缺(或所脱)之有關焉夷國、毗舍離國、師子國的三處,石本亦無。石本和東本、開本是很相近的。特別如張掖王的姓名,各本都錯得無可還原了,而東本、開本作"改業",石本作"叚業",雖也有錯,却還留下綫索,得使後人能將其改正爲"段業"。又如摩頭羅國"有遥捕那河"一句,也是各本都錯得很遠,水經注的引文,朱、全、趙、戴、楊這樣許多名家的校本也無不都錯,祇幸賴石本和東本、開本,以及下面要説到的鎌本,才將這五個字的一句正確地保存下來。石本由於是手寫本,雖較刻本難認,且較多錯別字,但細細探尋,佳處實多。

　　第二種法顯傳的古鈔本,是日本鎌倉初期(公元十二世紀

末至十三世紀初）的古寫本，因稱鎌倉初期本，簡稱鎌本。此本爲足立喜六氏昔年所未曾見者，1980 年始和石本同時影印問世。可惜鎌本已多殘缺，自卷首至〔度葱嶺〕節有毒龍吐毒風之“吐”字止，全部殘缺；又中間自〔摩頭羅國〕節至〔王舍新城、㴔沙王舊城〕節耆闍崛山之間，損毀亦多。日比野丈夫氏在影印本後所附之解說中，認爲鎌本殆與石本屬於同系統，但我覺得有若干可從鎌本增補的字頗爲重要，鎌本寫鈔的時間雖可能遲於石本，但其所據底本或再上的祖本可能有很早的淵源。北宋版的東本、開本以及石本所缺（或所脫）的三處，其前二處鎌本均殘缺，不知本來有否，其第三處即有關師子國〔王城及佛齒供養〕節的“其庫看比丘滿四十騰然後得入”十三字，鎌本是有的，但作“僧庫藏中看又比丘滿卌騰然後得入”十五字。又法顯傳卷末的跋語，“夏安居末”一句後，我看見過的各本（除鎌本外）均作“迎法顯道人”，鎌本獨作“慧遠迎法顯道人”（參看前面圖版（七）第九行），使我們知道迎法顯入道場寺，和覺賢合作譯經，乃出於慧遠。鎌本的“慧遠”兩字，實在爲我國佛教史的研究提供了最重要的史料。（按：僧史稱慧遠居廬山三十餘年，“影不出山，跡不入俗”，此所云迎者，非親迎，特爲之安排，促成其事耳。）

　　第三種法顯傳的古鈔本，是日本京都市南禪寺經藏的古寫本，因稱南禪寺本，簡稱禪本。卷末有“應永七年庚辰五月念六日”書寫的題記，日本應永七年即公元 1400 年。足立氏書曾參用禪本校字，他認爲禪本的文字大致近似南宋版的資本，所異者僅字畫而已。這次我將足立氏書中所引用的資本和禪本的文字加以對比，果然基本相同，衹不過有一些字畫相差異耳。以重要性而論，禪本是遠不及石本、鎌本了。

（二）法顯傳和水經注

水經注的成書，離法顯傳的成書相差不過一百年左右。那時南北分崩，文籍的流通不免要受到影響，但在水經河水注中，却已充分吸收了法顯傳中的好多記述。史稱酈道元好學，歷覽奇書，於此可證。

今檢水經河水注，其中引用法顯傳的有二十多處，北起今新疆境，南及印度河和恒河兩流域，地區所包括者甚大。而且在泗水注中，還記録了法顯歸國後在彭城的行蹤。所以校注法顯傳時，水經注的有關部分是很重要的參考資料。反之，對於水經注的校勘工作，法顯傳也十分重要。過去四百餘年中，自明代黃省曾、朱謀㙔以下，校刊水經注者甚衆，惜多未充分注意及此，中如朱謀㙔、楊守敬等雖亦引及佛國記，所取不過明代以後的叢書本，依然訛錯相仍，少所訂正。

因此我在校注法顯傳的過程中，就特別注意到對水經注的利用。不過由於水經注本身亦多魯魚亥豕之處，應取諸本相互參考。我所曾參閱者爲較具代表性的下列各本：

1. 永樂大典本水經注（商務印書館影印本）
2. 黃省曾刻水經注（嘉靖甲午本）
3. 吳琯刻水經注（萬曆乙酉本）
4. 朱謀㙔水經注箋（萬曆乙卯本）
5. 沈炳巽水經注集釋訂譌（商務印書館影印四庫全書本）
6. 全祖望全氏七校水經注（寧波崇實書院本）
7. 趙一清水經注釋（自刻本）
8. 趙一清水經注箋刊誤（自刻本）

9. 戴震水經注（自刻本）

10. 戴震校上武英殿聚珍版本水經注（四部叢刊影印本）

11. 楊守敬、熊會貞水經注疏（中國科學院影印本）

關於水經注，二百年來，有一個趙、戴之爭的問題，也就是趙一清刻本曾否抄襲戴震或戴震校本曾否抄襲趙一清稿本的問題。王國維氏在聚珍本戴校水經注跋（觀堂集林卷十二）一文中，雖評述了戴曾努力於水經注，認爲他所舉釐定經注條例三則，較之全（祖望）、趙二家說尤爲親切；但同時對於戴之曾見全、趙二家書，盡採其說而圖泯其跡，掠人之功而無所顧忌，則也縱論其事，以爲學者戒。直到 1979 年第二輯中華文史論叢發表了胡適遺稿水經注校本的研究，還在討論這個問題，卻又爲戴從事辯解。在因校訂法顯傳而校勘到水經注的有關文句時，也經常遇到有關這個問題的具體資料，都是不利於戴而大足爲王氏的跋文增加說服力。希望這一部分校記，不特有助於法顯傳的校勘工作，也能有助於水經注相關部分的校勘工作。

（三）關於校注工作的說明

一、本書以圓本即北京圖書館所藏思溪圓覺藏本法顯傳作底本。此本 1955 年文學古籍刊行社曾出過影印本，其中原缺五番，是日本元祿九年（公元 1696 年）鈔配的。

二、本書參校的版本：

1. 東本（據足立氏書引文）

2. 開本（據原本影印本）

3. 金本（據臺灣省歷史語言研究所集刊印本）

4. 石本（據原本影印本）

5. 鎌本(據原本影印本)

6. 磧本(據原本影印本)

7. 資本(據足立氏書引文)

8. 禪本(據足立氏書引文)

9. 麗本(據大正藏排印本并參考足立氏書引文。大正藏排
印的麗本和足立氏書引用的麗本間文字偶有小的不同,
可能是大正藏把某些字用近代化的鉛字代替了。)

10. 津本——即津逮秘書本(1922 年上海博古齋據明汲古閣
本影印,書名作佛國記。)

11. 學本——即學津討原本(清嘉慶十年即公元 1805 年虞山
張氏曠照閣刊本,書名作佛國記。)

12. 院本——即支那内學院 1932 年刻本(書名作歷游天竺記
傳。)

三、圓本、磧本兩種法顯傳後各附有字音一篇;東本、開本、資本、
禪本後亦各附有字音,此四種僅在足立氏書中曾選用一部
分,其全文在國内難於見到,只能從足立氏書轉錄。又,慧琳
一切經音義第一百卷,亦收有法顯傳,可考見一部分唐本面
目。以上所説諸種字音及慧琳音義,兹均取以爲校字之資。
各本字音於引用時即稱某本字音;慧琳書(兼用頻伽精舍校
刊大藏經本及大正新修大藏經第五十四卷所收高麗藏本)
於引用時簡稱音義。

四、水經河水注曾引用法顯傳多處,兹亦取以校字。所曾參閲的
水經注版本有:

1. 大典本(影印永樂大典本)

2. 黄本(黄省曾刻本)

3. 吴本(吴琯刻本)

27

4. 朱本(朱謀㙔水經注箋原刻本)

5. 沈本(影印四庫全書本沈炳巽水經注集釋訂譌)

6. 全本(全祖望全氏七校水經注原刻本)

7. 趙本(趙一清水經注釋原刻本)

8. 刊誤(趙一清水經注箋刊誤原刻本)

9. 戴本(戴震自刻本)

10. 殿本(影印武英殿聚珍版本)

11. 楊本(影印楊守敬、熊會貞水經注疏本)

五、圓本以外其他各本的文字,凡和圓本相同的不出校記;和圓
本有不同的,其處理如下:

1. 各本較善者,依各本改,并於校記中注出。

2. 圓本不必改而各本異文仍有可供參考者,從寬採取,亦見
校記。

3. 下列情況,一般即不出校記:

甲、明顯的誤字。如本書 12 頁之"人理莫比",石本誤
作"人理莫北";13 頁之"客僧",石本誤作"容僧";
14 頁之"但以手指麾",石本誤作"但以手指魔";39
頁之"大興兵衆",鎌本誤作"大與兵衆"等。

乙、一般通用的異體字及所謂俗字。如:

爾、尔	彌、弥	陀、陁
花、華	汎、泛	映、暎
希、稀	旁、傍	災、灾
然、燃	翦、剪	植、殖
罰、罸	牀、床	粮、糧
按、案	帀、匝	校、挍
度、渡	牆、墙	鼓、皷

28

鹹、醎　　輒、輙　　乾、乹

　　殺、煞　　蕭、萧　　毗、毘等。

丁、鈔本中常見之簡體字及便寫字。如：

　　無、无　　禮、礼　　亂、乱

　　疏、疎　　惡、恶　　極、㮣等

丁、宋刻本及古鈔本中之"已"、"己"常即作"巳"，偏旁
　　"礻"或即作"衤"，皆顯然可識，如此者亦不出校記。

六、法顯傳的文字，如山月松風，質樸明暢，閱讀起來困難並不太
　　多。但這書畢竟是一千五百多年前的作品，又出於一個佛教
　　徒之手，所以對於今天的普通讀者，還是需要有一些注釋來
　　便利他們的閱讀。本書的注釋部分，即因此而作，重點置於
　　人名、地名、歷史情況、時間考訂、佛教用語諸方面。書後所
　　附地圖，亦希望能有助於讀者。

七、法顯傳中的人名、地名及有關佛教記載等，自梵文譯來的很
　　多，都努力在注釋中予以復原。唯梵文的拉丁文轉寫方式，
　　諸書不盡相同，注釋中基本上依照 Sir Monier Monier-Wil-
　　liams所編的 A Sanskrit-English Dictionary（1899 年新版，1951
　　年再印本，英國牛津大學出版社出版）。但爲顧到近年較通
　　用的轉寫方式，改用Ś和Ṣ來代替S和 sh；又爲求簡化一點，凡
　　鼻音符一般皆用ṃ。

八、歐洲法、英諸國和日本的學者，自十九世紀前期以來，即相繼
　　從事法顯傳的譯注工作，本書注釋時參考引用得最多的，是：

1. Samuel Beal：Travels of Fah-hian and Sung-yun，Buddhist Pil-
　　grims，from China to India（400 A. D.　and 518 A. D.）
　　（1869 年，倫敦）——以下簡稱皮氏書。

2. James Legge：A Record of Buddhistic Kingdoms，being an Ac-

count by the Chinese Monk Fâ-hien of his Travels in India and Ceylon(A. D. 399— 414) (1886 年, 牛津)──以下簡稱理氏書。

3. H. A. Giles：The Travels of Fa-hsien (399— 414 A. D.) Or Record of the Buddhistic Kingdoms (1923 年, 劍橋)──以下簡稱翟氏書。

4. 足立喜六：考證法顯傳 (1935 年, 東京市)──簡稱足立氏書初版。

5. 足立喜六：法顯傳──中亞、印度、南海紀行の研究 (1940 年, 東京市)──簡稱足立氏書。

6. 長澤和俊：宮內廳書陵部圖書寮本法顯傳校注 (1970 年, 刊於鹿兒島短期大學研究紀要第 6 號)──其法顯傳本文即開本的影印本。

九、下列幾種我國學者有關法顯傳的研究, 也曾加以參考:

1. 李光廷：漢西域圖考卷七節錄晉釋法顯佛國記

2. 丁謙：浙江圖書館叢書第二集晉釋法顯佛國記地理考證

3. 岑仲勉：佛遊天竺記考釋 (1934 年, 商務印書館出版)

4. 賀昌羣：古代西域交通與法顯印度巡禮 (1956 年, 湖北人民出版社出版)

5. 湯用彤：兩漢魏晉南北朝佛教史 (1955 年, 中華書局出版), 書中有關法顯之記述及論斷, 最爲精審。

十、法顯傳一卷, 原來不分章節, 今依其內容, 分作五大段:自發跡長安至度葱嶺爲第一大段, 北天竺、西天竺記遊爲第二大段, 中天竺、東天竺記遊爲第三大段, 師子國記遊爲第四大段, 浮海東還爲第五大段, 每大段下又分出若干小節, 各加一子題, 以清眉目。全書前補加一目録, 以便檢閱。

十一、本書校注工作中所曾參考之法顯傳諸古刻本及古鈔本,頗
　　爲珍貴,兹選取一部分製成圖版八幅,印於書前,以見一
　　斑。

法顯傳校注

東晉沙門釋法顯撰

章　巽　校注〔1〕

【校注】

〔1〕圓本卷首原題分兩行,第一行作"法顯傳一卷通",第二行作"東晉沙門　法顯自記遊天竺事"。東本、開本、資本、禪本同。磧本"通"作"通三";金本第一行作"昔道人法顯從長安行西至天竺傳一卷　廣",第二行作"東晉沙門釋法顯自記遊天竺事";石本僅題"法顯傳一卷自記";麗本"法顯傳一卷"上多"高僧"二字,"通"作"廣","東晉沙門"下多"釋"字;津本、學本均題"佛國記　宋釋法顯撰",津本"撰"字下尚有"明胡震亨毛晉同訂"八字;院本題作"歷遊天竺記傳一云法顯傳　東晉沙門釋法顯撰"。

一　自發跡長安至度葱嶺

西行之始

　　法顯昔在長安[1]，慨律藏[2]殘缺[3]，於是遂以弘始元年歲在己亥[4]，與慧景、道整[5]、慧應、慧嵬等同契，至天竺[6]尋求戒律。

【校注】

　　〔1〕長安：即西漢所都長安城，故址在今陝西西安市西北。東晉時十六國中的前秦、後秦亦都於此，其統治者苻堅、姚興皆崇奉佛教，著名的佛教徒道安、鳩摩羅什等先後至此，爲當時佛教傳譯的要地。法顯之自長安啓行赴天竺，正姚興在位時。

　　〔2〕律藏：佛教經典的一部分稱爲“律”（戒律也，即毗奈耶藏 Vinaya - piṭaka），與“經”（經訓也，即素呾纜藏 Sūtra - piṭaka）、“論”（論釋也，即阿毗達磨藏 Abhidharma-piṭaka）合稱“三藏”（Tripiṭaka）。

　　〔3〕缺：石本作“觖”。

　　〔4〕弘始元年歲在己亥：“弘始元年”，今傳世各本法顯傳皆作“弘始二年”。按：弘始爲後秦姚興年號，其元年當東晉隆安三年，二年當隆安四年。據出三藏記集卷十五、高僧傳卷三、歷代三寶紀卷七、大唐内典録卷三、古今譯經圖紀卷二、開元釋教録卷三等，皆謂法顯以東晉隆安三年自長安西行，隆安三年當公元 399 年，正爲己亥歲，故此處“弘始二年”當爲

2

"弘始元年"之誤,今改正。

〔5〕整:石本作"甃",後同。

〔6〕天竺:我國古代稱印度半島爲天竺,始見後漢書西域傳。故法顯傳一名歷遊天竺記傳。按:漢書西域傳已稱印度半島爲天篤,篤、竺二字音同。史記大宛列傳及漢書張騫傳又作身毒。India(印度)一名源出Sindhu(即今印度河 Indus 之梵文古稱),身毒、天篤、天竺蓋皆爲 Sindhu 之對音。

乾歸國　耨檀國　張掖鎮　燉煌

初發跡長安,度隴〔1〕,至乾歸國〔2〕夏坐〔3〕。

夏坐訖,前行〔4〕至耨檀國〔5〕。

度養樓山〔6〕,至張掖鎮〔7〕。張掖大亂,道路不通。張掖王段業〔8〕遂留爲作檀越〔9〕。於是與智嚴、慧簡、僧紹〔10〕、寶雲、僧景等相遇,欣於同志,便共夏坐〔11〕。

夏坐訖〔12〕,復進到燉煌〔13〕。有塞〔14〕,東西可八十里,南北四十里。共〔15〕停一月餘日。法顯等五人隨使先發〔16〕,復與寶雲等別。燉煌太守李暠〔17〕供給度沙河。

【校注】

〔1〕隴:即今陝西隴縣西北、甘肅清水縣東北的隴山,爲自渭水流域通往西北的陸路所必經,古稱隴坁,見續漢書郡國志漢陽郡隴縣下。

〔2〕乾歸:指東晉時十六國中西秦統治者乞伏乾歸的都城。資治通鑑東晉孝武帝太元十三年(公元 388 年)下載:"九月,河南王乾歸遷都金城。"東晉安帝隆安四年(公元 400 年)下載:"春,正月,……西秦王乾歸遷

3

都苑川。"胡注:"乞伏氏本居苑川,乾歸遷於金城,今復都苑川。"法顯過乾歸國時,爲隆安三年(公元 399 年),西秦都城尚在金城,其故址在今甘肅蘭州市西。

〔3〕夏坐:印度佛教僧徒每年雨季在家居住三個月,不外出,謂之雨安居,亦稱夏坐或坐夏,亦稱坐臘。大唐西域記卷二云:"印度僧徒,依佛聖教,坐雨安居,或前三月,或後三月。前三月當此從五月十六日至八月十五日,後三月當此從六月十六日至九月十五日。"但我國及日本之僧徒則從四月十六日入安居,七月十五日解安居。故大唐西域記卷八云:"良以方言未融,傳譯有謬,分時計月,致斯乖異,故以四月十六日入安居,七月十五日解安居也。"乾歸國之夏坐,爲法顯西行後第一年即公元 399 年首次之夏坐。

〔4〕前行:金本、麗本作"前"。

〔5〕䂵檀國:"䂵",金本、麗本作"褥",石本作"耨",晉書載記第二十六作"傉",皆同音通用。此䂵檀國指東晉時十六國中南涼的都城。按:東晉隆安三年(公元 399 年)法顯在乾歸國夏坐訖抵南涼都城時,正值南涼統治者禿髮烏孤于是年八月墮馬得病身死,其弟利鹿孤繼位。烏孤本都樂都(故址在今青海樂都),利鹿孤即位後徙都西平(故址在今青海西寧市)。法顯抵南涼,所到之都城或已爲西平。利鹿孤卒於東晉元興元年(公元 402 年),弟䂵檀始繼位。故法顯抵南涼時,其國統治者尚爲利鹿孤而非䂵檀。然晉書載記第二十六稱:"傉檀少機警,有才略。……及利鹿孤即位,垂拱而已,軍國大事,皆以委之。"可能利鹿孤在位時之實際執政者即爲䂵檀,法顯當時稱南涼都城爲䂵檀國,或由此故。

〔6〕養樓山:水經河水注云:"湟水又東,長寧川水注之。……長寧水又東南,養女川水注之,水發養女北山,有二源,皆長湍遠發,南總一川,逕養女山,謂之養女川。闞駰曰:'長寧亭北有養女嶺,即浩亹山,西平之北山也。'……長寧水又東南流,注于湟水。"此養女山在今青海西寧市以北、大通河南一帶,自西平至張掖正取道於此,蓋即法顯所度之養樓山。

〔7〕張掖鎮:"張掖",石本作"張夜",下同。據晉書地理志,張掖郡治永平縣。元和郡縣圖志卷四十云,永平縣即漢觻得縣改名。據太平寰宇記卷一百五十二,觻得故址在張掖縣(即今甘肅省張掖縣)西北四十里。法顯所至之張掖鎮即此。

4

〔8〕張掖王段業：圓本、資本、禪本、津本、學本均作“張掖王愍懃”；磧本作“張掖王愍懃”；金本、麗本、院本作“張掖王愍勤”；東本、開本作“張掖王改業”；石本作“張夜王叚業”。足立氏書（5—6 頁）據東本、開本、石本以爲應作“張掖王段業”，是也，今從之。蓋法顯抵張掖時，此地之割據者正爲段業。張掖本屬後涼統治者呂光，於東晉隆安二年（公元 398 年）六月爲段業所取。隆安三年（公元 399 年）二月，段業即涼王位於張掖，故法顯稱之爲張掖王。時段業東西交困，東則後涼常出兵來攻（見資治通鑑隆安三年四月，四年六月）；西方又有敦煌太守李暠謀叛段業後遂自立爲涼公（史稱西涼）之事（見資治通鑑隆安四年四月、十一月）。故法顯言當時“張掖大亂，道路不通”。

〔9〕檀越：梵文 Dānapati 音譯之略，意譯作“施主”，佛教僧徒對施舍財物者的尊稱。

〔10〕僧紹：石本作“僧”。

〔11〕夏坐：張掖之夏坐，爲法顯西行後第二年即公元 400 年之夏坐。

〔12〕夏坐訖：石本作“訖”。

〔13〕燉煌：東本、開本、石本均作“屯皇”，下同。音義云：“燉煌……作屯皇，誤也。”是唐本亦有作“屯皇”者。按：水經河水注引釋氏西域記，亦作屯皇。此燉煌或屯皇，即敦煌郡，治敦煌縣，故址在今甘肅敦煌縣西黨河西岸（見道光敦煌縣志卷七古蹟敦煌廢郡條）。

〔14〕塞：左傳僖公二十年杜注：“城郭牆塹謂之塞。”敦煌郡北境一帶自西漢即築有障塞。史記大宛列傳載“於是酒泉列亭鄣至玉門矣”；漢書西域傳一則曰“於是漢列亭障至玉門矣”；再則曰“於是自敦煌西至鹽澤，往往起亭”。此皆公元前二世紀末武帝時事也。以後亦常有增修，如法顯過敦煌後不久，他所曾遇見的西涼統治者李暠就有修築敦煌舊塞東西二圍、西南二圍之事（見晉書涼武昭王李玄盛列傳）。晉書此所云舊塞，蓋即法顯所見者。敦煌附近這些古代障塞遺迹，今尚有存者。

〔15〕共：石本無“共”字。

〔16〕隨使先發：此所云“使”，可能指燉煌太守李暠遣赴西域之使者，法顯等隨之西行。

〔17〕燉煌太守李暠：“暠”，圓本及諸本皆作“浩”；唯石本作“法”，“法”當爲“浩”之誤。當時燉煌太守李暠乃唐高祖李淵七世祖，蓋唐人避

5

諱,以"浩"代"暠"。足立氏書(7—8頁)改作"李暠",今從之。按:李暠至東晉隆安四年(公元400年)十一月始自立爲涼公(史稱西涼),而法顯先於是年秋已進到燉煌,故仍稱李暠爲燉煌太守。

沙 河

沙河[1]中多有惡鬼、熱風,遇[2]則皆死,無一全者。上無飛鳥,下無走獸。遍望極目,欲求度處,則莫知所[3]擬,唯以死人枯骨爲標識[4]耳。

【校注】

〔1〕沙河:即自敦煌西至鄯善國間之沙漠地帶也。漢書地理志云:"敦煌郡……正西關外有白龍堆沙。"同書西域傳云:"樓蘭國(即鄯善國之本名)最在東垂,近漢,當白龍堆,乏水草。"三國志東夷傳注引魏略西戎傳,玉門關以西有三隴沙。水經河水注:蒲昌海(即今羅布泊)"水積鄯善之東北,龍城之西南。……西接鄯善,東連三沙"。此所稱白龍堆、三隴沙及三沙,即法顯所經之沙河也。大唐西域記卷十二記玄奘東歸,到達納縛波故國(即古樓蘭)之前,曾在尼壤城(故址在今新疆民豐縣北)以東通過大流沙。玄奘對大流沙亦有這樣的描寫:"……東行入大流沙,沙則流漫,聚散隨風,人行無迹,遂多迷路,四遠茫茫,莫知所指,是以往來者聚遺骸以記之。乏水草,多熱風,風起則人畜惛迷,因以成病。時聞歌嘯,或聞號哭。視聽之間,恍然不知所至,由此屢有喪亡,蓋鬼魅之所致也。"玄奘所説的大流沙雖尚在法顯所過的沙河之西,但情況却有相似之處。

〔2〕遇:東本、開本、資本作"過"。

〔3〕所:石本作"可"。

〔4〕標識:"標",金本、石本作"標";麗本作"標"。"識",圓本、資本、磧本、麗本、津本、學本、院本均作"幟";東本、開本、金本作"識",圓本字音亦作"識",今據改。

6

鄯善國

行十七日，計可[1]千五百里，得至鄯善國[2]。其地崎嶇薄瘠[3]。俗人衣服粗[4]與漢地同，但以氈褐[5]爲異。其國王奉法。可有四千餘僧，悉小乘[6]學。諸國俗人及沙門[7]盡行天竺法，但有精麁[8]。從此西行，所經諸國類皆如是。唯國國胡語[9]不同，然出家人皆習天竺書、天竺語。住此一月日。

【校注】

〔1〕計可：石本作“訶”。

〔2〕鄯善國：金本、麗本作“鄯鄯國”；石本作“善善國”。據馮承鈞鄯善事輯及樓蘭鄯善問題二文（均載馮氏西域南海史地考證論著彙輯）所考，鄯善國即古樓蘭國，其國都扞泥城故址在今新疆若羌縣；其東有著名之屯田地伊循城，故址在今新疆若羌縣東境之米蘭。法顯所至之鄯善國，當指扞泥城也。洛陽伽藍記卷五載宋雲等使西域曾過此；唐玄奘歸國時亦曾過此，即大唐西域記卷十二中所稱之納縛波故國。

〔3〕崎嶇薄瘠：東本、開本作“崎嶇薄齊”，石本作“踦𨀥薄齊”。音義云“崎嶇……此傳中從足作踦𨀥，非也”；是唐本“崎嶇”二字亦有作“踦𨀥”者。按“踦𨀥”、“崎嶇”可通用，故左思魏都賦云：“山阜猥積而踦𨀥。”

〔4〕粗：津本、學本作“麤”。

〔5〕氈褐：開本、磧本、資本作“氈褐”，石本作“㲪褐”。圓本字音作“袽褐”，東本字音、磧本字音作“袽褐”，開本字音及禪本字音作“袽褐”。“袽”、“袽”爲“旃”之誤，“旃”與“氈”字通；“褐”、“褐”爲“褐”之誤。音義亦作“氈褐”；但又云“氈”字“傳作袽亦通”，則唐本亦有作“袽”者。氈是毛織物。褐有兩義，或亦解作毛織物，或以爲是粗布衣，見孟子滕文公上趙注。但音義據詩豳風七月鄭箋云：“褐，毛布，撚馳毛織爲衣也。”圓本

7

字音及磧本字音對此二字注云:"正作氀毼,毛衣也。"是唐人音義及圓、磧二本字音皆以毛布、毛衣釋"褐"字也。

〔6〕小乘:梵文 Hīnayāna(希那衍那)的意譯。乘是"運載"的意思,也包含"運載到最後解脱"的意思。最早的佛教號召追求灰身滅智歸於空寂涅槃之"自我解脱"。公元一、二世紀間,佛教中出現了鼓吹"救度一切衆生"的新教派,自稱爲"大乘",而把祇求"自我解脱"的原教派稱爲"小乘"。

〔7〕沙門:舊以爲梵文 Sramaṇa 音譯之略,但烈維(Sylvain Lêvi)以爲乃古代龜茲語 Samane 之音譯(見烈維所謂乙種吐火羅語即龜茲語考 41 頁,載馮承鈞譯吐火羅語考),當是。意譯"息心"或"勤息",佛教用以專指依照戒律出家修道的人。

〔8〕精龕:石本作"情龕";津本、學本、院本作"精龗"。

〔9〕胡語:我國古代稱北方兄弟民族(如匈奴)爲胡,稱西方兄弟民族(如鄯善)爲西胡。後對西方蔥嶺內外各族都稱爲西胡,亦簡稱作胡(詳見王國維西胡考,載觀堂集林卷十三)。此云"胡語",乃指當時西方諸胡族的方言。

焉夷國

復西北行十五日,到焉夷國〔1〕。焉夷國〔2〕僧亦有四千餘人,皆小乘學,法則齊整。秦土〔3〕沙門至彼都,不預其僧例〔4〕。法顯得苻行堂公孫經理〔5〕,住二月餘日〔6〕。於是還與寶雲等共〔7〕。

爲〔8〕焉夷國人不修禮義〔9〕,遇客〔10〕甚薄,智嚴、慧簡〔11〕、慧嵬遂返向高昌〔12〕,欲求行資。

【校注】

〔1〕焉夷國:“焉”,圓本、東本、開本、磧本、津本、學本皆作“偈”;麗本、院本作“烏”。下同。然圓本字音及資本字音、禪本字音皆云“隅夷,上或作偈,於乾反”;東本字音及開本字音云“偈夷,上正作偈,於建反”;磧本字音云“隅,或作偈,於乾反”。可見作“偈”、“烏”者非也。金本作“隅”,石本作“偈”,即“偈”,皆與圓本字音等合,下同。水經河水注引用法顯傳自焉夷至於闐之一段記載,其中“焉夷”二字,大典本、黃本、吳本、朱本、沈本、全本、殿本皆作“烏帝”;朱、沈、全三本於注中指出佛國記作“偈夷”,趙本、戴本并即改作“偈夷”,仍未知“偈”字亦非;楊本以“字書無偈字”,改作“烏夷”,然“烏”字亦非也。音義云:“焉夷國,上謁乾反。”可見音義所見唐本作“焉”,今據改,下同。焉夷國即漢書西域傳所載“焉耆國,王治員渠城”之焉耆國,員渠即焉耆之音轉,焉夷亦即焉耆。焉耆之“焉”,亦作“偈”或“鄢”,在佛教經籍傳本中常謁作“烏”、“偈”或“鄔”(詳見伯希和説吐火羅語,載馮承鈞譯吐火羅語考 143—155 頁)。法顯所到焉夷國都城故址,當在今新疆焉耆回族自治縣境。黃文弼以爲今焉耆回族自治縣西北之哈拉木登南約十餘里有舊城,可能曾爲唐代以前焉耆國之政治中心區(見黃氏塔里木盆地考古記 7 頁及圖二)。唐玄奘西行之初,亦曾取道於此,即大唐西域記卷一中所稱之阿耆尼國。黃文弼以爲唐時阿耆尼國之都城可能已遷至今焉耆回族自治縣西南四十里之四十里城子附近的博格達沁舊城(見同書 6,135—136 頁)。

〔2〕焉夷國:金本、麗本無此三字。

〔3〕秦土:法顯傳所稱“秦土”、“秦”、“漢”、“漢地”、“晉地”等,一般皆指當時我國之中原一帶地區而言。

〔4〕秦土沙門至彼都不預其僧例:東本、開本、石本皆無此十二字。足立氏書(13 頁)謂資本亦無此十二字,恐是足立氏誤記,因同書序説(15—16 頁)明明説資本與北宋版不同,北宋版(即東本與開本)所無之三處(即〔焉夷國〕節缺十二字,〔毗舍離國〕節缺三百餘字,師子國〔王城及佛齒供養〕節缺十三字),資本皆有也。“預”,金本作“豫”。“例”字下金本、麗本增“也”字。足立氏書(12 頁,202—203 頁)認爲此十二字或與後文〔毗舍離國〕節之三百零八字,及師子國〔王城及佛齒供養〕節僧庫“勿聽王入”

9

以下之十三字皆爲後人所竄加。湯用彤評（足立喜六）考證法顯傳以爲不然，湯氏曰："按此（十二字）謂偽夷國（應作焉夷國）戒律整齊，中國沙門來，不能入其僧伽，受供給。法顯到此，幸而有符公孫之經理，而得住二月餘。北宋版缺'不預僧例'一句，遂使人不能明了何以法顯須受符公孫之供給。因此北宋本缺此十二字，實是刊印脫誤，並非麗本（及他本）刊行時此十二字自他處竄入也。"（載湯氏往日雜稿）。參看後文〔毗舍離國〕節注〔51〕及師子國〔王城及佛齒供養〕節注〔9〕。

〔5〕苻行堂公孫經理："苻"，石本同，其他各本皆作"符"；足立氏書改作"苻"，下同。"堂"，金本、麗本作"當"。"經理"，金本作"理"。"行堂"，釋氏要覽卷上："善見律云：'有善男子，欲求出家，未得衣鉢，欲依寺中住者，名畔頭波羅沙。'今詳，若此方行者也。經中多呼修行人爲行者。"行者所居寮舍謂之行堂，故行者亦得稱爲行堂。"公孫"，則爲對貴族官僚的子弟之尊稱。足立氏書（12—13頁）以爲東晉太元七年（公元382年）九月，苻堅命呂光率兵十萬，鐵騎五千，以伐西域，焉耆諸國皆降，嗣苻堅敗死，呂光乃於太元十一年（公元386年）十二月據涼州自立，苻公孫恐是苻堅之一族，原在呂光軍中，後即留此處爲行堂者，故據石本改"符"作"苻"，今從之。

〔6〕餘日：石本作"餘日餘日"。

〔7〕寶雲等共：金本、麗本作"寶雲等共合"；石本作"實雲等共合"。

〔8〕爲：金本、石本、麗本無此字。

〔9〕禮義：金本作"礼儀"；麗本作"禮儀"。

〔10〕遇客：石本作"過容"。

〔11〕慧簡：石本作"慧蘭"。

〔12〕遂返向高昌：東本作"遂返遷向昌"；開本作"遂返遷向唱"；金本作"遂返向高昌國"；石本作"遂反遷向唱"；資本作"遂返遷向高昌"。高昌城故址在今新疆吐魯番縣東約五十公里的勝金口之南，位于二堡（即哈喇和卓）和三堡（即阿斯塔那）之間。高昌地當衝要，兩漢、魏、晉時爲戊己校尉駐所。在法顯時代前後，十六國中之前涼、前秦、後涼、西涼、北涼皆置高昌郡於此。當時已有大乘教之流行，佛教固甚發達（見賀昌羣譯羽溪了諦西域之佛教300—303頁），智嚴等欲求行資而返高昌，蓋以此故。唐玄奘西行之初，亦取道高昌，停留一月餘日，爲當時高昌之割據者麴文泰

10

講仁王般若經,并受其資助(詳見大慈恩寺三藏法師傳卷一)。

沙　行

法顯等〔1〕蒙苻公孫供給,遂得直進。西南行,路中無居民〔2〕,沙行艱難〔3〕,所經之苦,人理莫比。

【校注】

〔1〕法顯等:石本作"法顯法等"。

〔2〕居民:水經河水注各本引文皆作"人民"。

〔3〕沙行艱難:"沙",圓本、金本、磧本、資本、禪本、麗本、津本、學本、院本皆作"涉",東本、開本、石本作"沙",水經河水注各本引文皆作"沙",今據改。刊誤曰:"箋曰:'沙行,一本作涉行。'按:沙行,言行沙磧中也,涉字義非。"此沙行指由焉夷直達于闐,取西南方向通過塔克拉瑪干沙漠的旅行。瑞典探測家斯文·赫定曾於十九世紀末年多次進入我國新疆進行探測工作,其中一次係自一八九六年一月十四日至二月二十三日,由和闐向東北沿克里雅河進入並通過塔克拉瑪干沙漠而達大沙漠以北的沙雅,歷時四十一天(據孫仲寬譯 Sven Anders Hedin 我的探險生涯)。按:沙雅尚在焉夷的西南,法顯當時的路綫,正和上述斯文·赫定的路綫相對,法顯是取向西南直進的方向,大約從焉夷直向西南通過塔克拉瑪干沙漠而達于闐。法顯所行路程比斯文·赫定更長,而在道僅爲一月五日,比斯文·赫定的歷時四十一天還短些。"所經之苦,人理莫比",誠非虛語,可見其艱苦卓絕的精神。

于闐國

在道一月五日,得到于闐〔1〕。其國豐樂,人民殷盛,盡皆奉法,以法樂相娛。衆僧乃數萬人,多大乘〔2〕

11

學,皆有衆食[3]。彼國人民星居[4]，家家門前皆起小塔，最小者可高二丈許。作四方僧房，供給客僧及餘所須。國主安堵[5]法顯等於僧伽藍[6]。僧伽藍名瞿摩帝[7]，是大乘寺，三千僧共犍槌[8]食。入食堂時，威儀齊肅，次第而坐，一切寂然，器鉢無聲。淨人[9]益食不得相喚，但以手指麾。

慧景、道整、慧達先發[10]，向竭叉國[11]。法顯等欲觀行像，停三月日。

其國中十四大僧伽藍[12]，不數小者。從四月一日[13]，城裏便掃灑道路，莊嚴[14]巷陌。其城門上張大幃幕[15]，事事嚴餝[16]，王及夫人、采女[17]皆住其中。瞿摩帝僧是大乘學，王所敬重，最先行像。離城三四里，作四輪像車，高三丈餘，狀如行殿，七寶[18]莊校，懸繒幡蓋[19]。像立車中，二菩薩[20]侍，作諸天[21]侍從[22]，皆金銀彫瑩[23]，懸於虛空。像去門百步，王脫天冠[24]，易著新衣，徒跣持華香，翼從出城迎像，頭面禮足[25]，散華燒香。像入城時，門樓上夫人、采女[26]遙散衆華，紛紛而下。如是莊嚴供具，車車[27]各異。一僧伽藍則一日行像。白月一日[28]爲始[29]，至十四日行像乃訖。行像訖，王及夫人乃還宮耳。

其城西七八里有僧伽藍，名王新寺[30]。作來八十年，經三王方成。可高二十五丈，彫文刻鏤，金銀覆上，衆寶合成。塔後作佛堂，莊嚴妙好，梁柱、戶扇、窓[31]

牖,皆以金薄。別作僧房,亦〔32〕嚴麗整飾〔33〕,非言可盡。

嶺東六國〔34〕諸王,所有上價〔35〕寶物,多作供養,人用者少。

【校注】

〔1〕于闐:石本作"于殿"。漢書西域傳:"于闐國,王治西城。"後漢書西域傳:"于寘國,居西城。"新唐書西域傳:"于闐,……其居曰西山城。"西城即西山城,其故址在今新疆和闐縣城東南約二十四公里之什斯比爾(維語"三道牆"之義),亦稱下庫馬提,位於玉瓏喀什河西岸(據黃文弼塔里木盆地考古記53—54頁及138—139頁)。洛陽伽藍記卷五載宋雲等使西域曾過此國;唐玄奘歸國時亦曾過此國,大唐西域記卷十二稱之爲瞿薩旦那國。

〔2〕大乘:梵文 Mahāyāna(摩訶衍那)的意譯。詳見上文〔鄯善國〕節注〔6〕。

〔3〕衆食:即以饌食供養僧衆也。本書師子國下述衆食之制云:"其國人云,都可六萬僧,悉有衆食,王別於城內供五六千人衆食,須者則持本鉢往取,隨器所容,皆滿而還。"大唐西域記卷十一僧伽羅國(即師子國)下亦云:"王宮側建大厨,日營萬八千僧食,食時既至,僧徒持鉢受饌,即得食己,各還其居。"于闐僧徒衆食之制當亦與此相類。

〔4〕星居:東本、開本無此二字;石本作"星"。

〔5〕安堵:金本、麗本作"安頓供給";石本、禪本作"安頓"。

〔6〕僧伽藍:梵文 Saṅghārāma 之音譯,意譯"衆園"或"僧房",佛教寺院之通稱。

〔7〕瞿摩帝:此爲古代于闐之著名佛寺。水經河水注云,于闐國治西城,城南一十五里有利刹寺(楊本熊會貞云,據酉陽雜俎卷十,應作刹利寺);洛陽伽藍記卷五載宋雲等使西域記,于闐王曾爲毗盧旃立寺舍;魏書西域傳云,于闐"城南五十里(按:五十里恐是十五里之誤)有贊摩寺,即昔羅漢比丘比盧旃爲其王造覆盆浮圖之所"(按:魏書原作盧旃,"比"字依

13

周書異域列傳補);大唐西域記卷十二云,于闐"王城南十餘里有大伽藍,此國先王爲毘盧折那(原注:唐言遍照)阿羅漢建也"。以上四書記載之寺院,皆指此瞿摩帝僧伽藍。今新疆和闐縣城東南什斯比爾(即下庫馬提,見注〔1〕)更南十餘里之上庫馬提,有古代大寺廟遺址,蓋即瞿摩帝僧伽藍之所在,現此地仍名庫馬提,亦必由古代瞿摩帝之名因襲而來(據黄文弼塔里木盆地考古記53—54頁)。瞿摩帝乃梵文 Gomati 之音譯,理氏書(17頁)以爲義"牛富",瞿摩帝寺即牛富寺。

〔8〕犍槌:金本、石本、麗本作"捷搥"。梵文 Ghaṇṭā 之音譯,指寺院中以金屬或木製成,能擊而發聲以集衆或"消災"之物的通稱。

〔9〕淨人:指未出家而在寺院中奉侍僧侶的俗人。

〔10〕先發:石本作"無發",蓋誤以"先"爲"无",再又改"无"爲"無"也。

〔11〕竭叉國:見本書〔竭叉國〕節注〔2〕。

〔12〕十四大僧伽藍:金本(記引)、麗本作"有四大僧伽藍";石本作"四大僧伽藍"。下文有云,"一僧伽藍則一日行像",而行像爲期十四日,此當以十四大僧伽藍爲是。

〔13〕四月一日:法顯傳中歲月皆當以我國夏曆計算,此四月一日即夏曆四月初一日也。

〔14〕莊嚴:"莊",石本作"庄",後同。佛教常用語,謂以功德來飾身或以美裝來飾物爲莊嚴。

〔15〕幢幕:圓本、東本、開本、資本、禪本作"憧幕",石本作"憧慔","憧"爲"幢"之誤,"慔"爲"幙"之誤;磧本、麗本、津本、學本、院本作"幢幕",今據改。

〔16〕嚴飭:磧本、麗本、津本、學本、院本均作"嚴飾"。飭同飾。

〔17〕采女:石本作"綵女",麗本、院本作"婇女",即宮女也。

〔18〕七寶:佛教諸經論常說及七寶,但所說略有異同。如妙法蓮華經及大智度論皆鳩摩羅什譯,而前者(授記品第六)以金、銀、琉璃、硨磲、碼磁、真珠、玫瑰爲七寶,後者(卷十)以金、銀、毗琉璃、頗梨、車渠、馬瑙、赤真珠爲七寶。

〔19〕懸繒幡蓋:繒是絲織品的總稱,幡即旗幡,蓋即天蓋。懸繒幡蓋謂懸掛絲織的旗幡和天蓋。

〔20〕菩薩:梵文 Bodhisattva 音譯菩提薩埵之略,菩提意爲“覺悟”和“成道”,薩埵意爲“勇猛”,菩提薩埵的意思是猛進求大菩提者。佛教並以爲由菩薩地可進而至佛地。

〔21〕諸天:天爲梵文 Deva 之意譯,音譯提婆,本爲婆羅門教的神,佛教亦加以吸收。此處的諸天即諸天神之意。

〔22〕侍從:石本作“傅從”。

〔23〕皆金銀彫瑩:麗本作“皆以金銀彫瑩”。

〔24〕天冠:即“通天冠”之簡稱,指古代帝王戴的帽子。

〔25〕頭面禮足:即以頭面叩禮佛足,乃最上之敬禮。大智度論卷十云:“何以名頭面禮足? 答曰:‘人身中第一貴者頭,五情所著而最在上故;足第一賤,履不淨處最在下故。是以所貴禮所賤,貴重供養故。’”

〔26〕采女:石本、麗本、院本作“婇女”。

〔27〕車車:石本作“車事”。

〔28〕白月一日:圓本、磧本、資本、津本、學本、院本作“四月一日”;石本、麗本作“自月一日”;東本、開本作“白月一日”,今據改。大唐西域記卷二記古印度曆法云:“月盈至滿謂之白分,月虧至晦謂之黑分。黑分或十四日、十五日,月有小大故也。黑前白後,合爲一月。”由是可見白分相當我國夏曆之前半月,黑分相當夏曆之後半月,故白月一日相當夏曆之初一日,黑月一日相當夏曆之十六日。此白月一日即指四月初一日(見注〔13〕)。皮氏書(10—11 頁),理氏書(18—19 頁)及翟氏書(5—6 頁),皆作如此計算。唯足立氏書(19—20 頁)獨以注〔13〕所言之四月一日爲印度月四月一日(黑月一日),云此處白月一日爲印度月四月十六日,非也。

〔29〕爲始:東本、開本、石本作“始”。

〔30〕王新寺:大唐西域記卷十二云,于闐“王城西五六里,有婆摩若僧伽藍,中有窣堵波,高百餘尺,甚多靈瑞,時燭神光”。王新寺佛堂前亦有塔,去王城之距離又相若,可見西域記之婆摩若僧伽藍蓋即法顯之王新寺也。

〔31〕窓:石本、麗本作“窓”;津本、學本、院本作“窻”。

〔32〕亦:石本無此字。

〔33〕餙:磧本、麗本、津本、學本、院本作“飾”。

〔34〕嶺東六國:足立氏書(20 頁)及賀昌羣古代西域交通與法顯印度

15

巡禮(21頁)以爲嶺東六國乃指西域南道的鄯善、且末(今新疆且末縣附近)、精絶(今新疆民豐縣北)、扜彌(今新疆于闐縣附近)、于闐、莎車(今新疆莎車縣)而言。

〔35〕上價:石本作"上賈"。

子合國　於麾國

既過四月行像,僧韶〔1〕一人,隨胡道人〔2〕向罽賓〔3〕。

法顯等進向子合國〔4〕,在道二十五日,便到〔5〕其國。國王精進。有千餘僧,多大乘學。

住此十五日已,於是南行四日,入葱嶺山〔6〕,到於麾國〔7〕安居〔8〕。

【校注】

〔1〕僧韶:圓本、東本、開本、石本、磧本、資本、禪本、麗本皆作"僧韶";津本、學本、院本作"僧紹"。僧韶、僧紹當是一人,即前在張掖所遇之僧紹也。

〔2〕胡道人:古代對佛教僧人亦稱道人,胡道人即指當時西方諸胡族的僧人而言。

〔3〕罽賓:"罽",圓本、圓本字音、東本、開本、磧本、磧本字音、資本、禪本皆作"罽";石本、津本作"罽"。"罽"、"罽"皆"罽"之訛略。麗本、學本、院本作"罽",今據改。古希臘地理學家托勒密(Claudius Ptolemaeus,約90—168年)稱今克什米爾爲Kaspeiria,罽賓即此名之對音。大唐西域記卷三稱之爲迦溼彌羅國(Kāśmīra)。

〔4〕子合國:漢書西域傳、後漢書西域傳均有子合,治呼犍谷(犍,後書作犍);洛陽伽藍記卷五載宋雲等使西域記作朱駒波,云"人民山居";北史

16

西域傳作朱駒波,又作朱俱波,又作朱居(按:疑脱波字),云"其人山居",亦作悉居半,並云,"治呼犍";唐玄奘歸國時曾過此,即大唐西域記卷十二之斫句迦。向來諸家注釋,多以爲子合國都城故址在今新疆葉城縣。黄文弼塔里木盆地考古記(55—56頁)亦贊同葉城縣之説,但同書(57—58頁)又以爲故址在今葉城縣西南約一百十里之奇盤莊。按:據呼犍谷以谷爲名及"人民山居"等記載推之,以奇盤莊之説爲長。

〔5〕到:石本無此字。

〔6〕入葱嶺山:"入",石本無此字;麗本作"至"。"葱",石本作"窓"。葱嶺爲我國舊時對今新疆西部帕米爾高原及其南北兩端附近諸山脉的總稱。水經河水注引西河舊事云:"葱嶺……其山高大,上生葱,故曰葱嶺也。"

〔7〕於麾國:據法顯傳,於麾國在子合國南行四日之葱嶺山中,確址未詳。或以爲此國即北史西域傳之權於摩國。北史謂權於摩國在悉居半國(即子合)西南,兩國去代均爲一萬二千九百七十里,則兩國間之距離當甚近。以今地圖對比,於麾國故址可能即在今奇盤莊西南之庫拉瑪特山口更西南之葉爾羌河中上游一帶。

〔8〕安居:於麾國之安居,爲法顯西行後第三年即公元401年之夏坐。

竭叉國

安居已止〔1〕,行二十五日,到竭叉國〔2〕,與慧景等合。

值其國王作般遮越師〔3〕。般遮越師,漢言五年大會也。會時請四方沙門,皆來雲集,集已〔4〕,莊嚴衆僧〔5〕坐處,懸繒幡〔6〕蓋,作金銀蓮華,著繒座〔7〕後,鋪淨坐具。王及羣臣如法供養,或一月、二月,或三月,多在春時。王作會已,復勸諸羣臣設〔8〕供供養,或一日、

17

二日〔9〕、三日、五日〔10〕。供養都畢，王以所乘馬，鞍〔11〕勒自副，使國中貴重臣騎之，并諸白氈〔12〕、種種珍寶、沙門所須之物，共諸羣臣，發願布施。布施已，還從僧贖。〔13〕

其地山寒，不生餘穀〔14〕，唯熟麥耳。衆僧受歲〔15〕已，其晨輒霜。故其王每讚〔16〕衆僧，令麥熟然後受歲。

其國中有〔17〕佛唾壷〔18〕，以石作〔19〕，色似佛鉢。又有佛一齒，國人〔20〕爲佛齒起塔。有千餘僧〔21〕，盡小乘學。

自山〔22〕以東，俗人被服粗類秦土〔23〕，亦以氈褐〔24〕爲異。沙門法用〔25〕轉轉〔26〕勝，不可具記。其國〔27〕當葱嶺之中。自葱嶺已前，草木果實〔28〕皆異，唯竹及安石留〔29〕、甘蔗三物，與漢地同耳。

【校注】

〔1〕安居已止：石本作“安居已上”；麗本、院本作“安居已山”。蓋以“上”字“山”字連下句讀。

〔2〕竭叉國：竭叉國故址何在，爲研究法顯傳之一難題。諸家考證紛紜：理氏書(18頁)以爲當在今克什米爾東部拉達克(Ladak)境，同書(22頁)又以爲可能在今克什米爾北部之伊斯卡多(Iskardu)即斯卡多(Skardo)；翟氏書(7頁)以爲在今新疆喀什市；足立氏書初版亦以爲在今喀什市，但同書再版時(改名法顯傳、中亞、印度、南海紀行の研究)修改前説(見18頁)，以爲係在今克什米爾東部印度河東岸之喀齊(Khalsi，又作Khalcha，又作Khalatse，又作Kalchi)；馮承鈞歷代求法翻經録(22頁)及西域地名(45頁)皆以爲在今喀什市。按：以法顯傳傳文所記述者考之，釋喀什市則失之太北，釋拉達克等地則又失之太東南，皆不易作爲結論。丁謙

18

<u>佛國記地理考證</u>以爲"竭叉居葱嶺中,以地望核之,即……<u>魏書渴槃陁</u>,<u>伽藍記</u>作<u>漢盤陀</u>,今<u>塔什庫爾干城</u>也"。<u>丁</u>氏此考,其地位與<u>法顯傳</u>所述最爲符合。但據<u>皮</u>氏書(14頁)之考證,以爲<u>竭叉國</u>王城故址,乃在<u>喀爾楚</u>(Kartchou),爲<u>唐玄奘</u>歸國時所經,即<u>大唐西域記</u>卷十二之<u>朅盤陀國</u>。按:據<u>欽定皇輿西域圖志</u>卷十八載稱:"<u>喀爾楚</u>在<u>葱嶺</u>山中,由<u>塞爾勒克</u>(按:即今<u>塔什庫爾干塔吉克自治縣</u>)西南行一百五十里,至其地,有小城。……"同書又以爲漢之<u>蒲犁國</u>,後漢之<u>德若國</u>,<u>魏書西域傳</u>之<u>渴槃陁國</u>,<u>唐書西域傳</u>之<u>朅盤陀</u>,皆即其地。<u>嘉慶重修一統志</u>卷五百二十七同。按:<u>竭叉</u>與<u>喀爾楚</u>發音相近,若依<u>欽定皇輿西域圖志</u>與<u>一統志</u>之説,則<u>法顯傳</u>之<u>竭叉</u>,<u>伽藍記</u>之<u>漢盤陀</u>,<u>西域記</u>之<u>朅盤陀</u>,當皆在今<u>塔什庫爾干塔吉克自治縣</u>西南一百五十里矣。然而,據<u>馮承鈞</u>譯<u>沙畹</u>(E. Chavannes)<u>宋雲行紀</u>箋注,以爲"<u>喀爾楚</u>或<u>喀楚特</u>,據<u>玉耳</u>(Henry Yule)之考訂,似 Kanjut(按:即<u>清史稿屬國列傳</u>之<u>坎巨提</u>,亦作<u>乾竺特</u>)或 Hunza(按:即<u>清史稿屬國列傳</u>之<u>棍雜</u>)一名之轉,而誤以之爲以<u>塔什庫爾罕</u>爲首府之<u>色勒庫爾</u>者也"(見<u>西域南海史地考證譯叢</u>六編21頁)。又據<u>馮承鈞</u>譯<u>沙畹西突厥史料</u>(93—94頁)云:"<u>朅盤陀</u>即<u>玄奘西域記</u>之<u>朅盤陀</u>。Vivien de Saint-Martin 曾經考訂其爲<u>乞兒吉思</u> Kirgiz 人所稱之<u>喀爾楚</u> Kartchou,其地在今<u>葉爾羌河</u>上流之<u>塔什霍爾罕</u> Tachkourgane,今<u>蒲犁縣</u>治也。<u>大食</u> Tadjik 人則名之曰<u>色勒庫爾</u> Sarikol。"依以上<u>沙畹</u>所論兩則,<u>喀爾楚</u>蓋即指<u>塔什庫爾干</u>,足以補充<u>丁</u>氏之説,然則<u>竭叉國</u>王城故址,當以在今<u>塔什庫爾干塔吉克自治縣</u>之説爲最具説服力也。

〔3〕般遮越師:梵文 Pañcapariṣad 之音譯,即五年大會也。

〔4〕集已:<u>東本</u>、<u>開本</u>、<u>津本</u>、<u>學本</u>作"已"。

〔5〕衆僧:<u>東本</u>、<u>開本</u>作"衆"。

〔6〕幡:旗旛也。此字磧本作"旛";<u>津本</u>、<u>學本</u>、<u>院本</u>作"旛"。與旛、幡通用。

〔7〕繒座:<u>石本</u>作"坐";<u>麗本</u>、<u>院本</u>作"僧座"。

〔8〕設:<u>石本</u>作"説"。

〔9〕二日:<u>東本</u>、<u>開本</u>作"二"。

〔10〕五日:<u>麗本</u>作"五日乃至七日"。

〔11〕鞍:<u>石本</u>作"鞏",乃"鞌"字之訛。

〔12〕白氎：圓本、東本、開本、石本、資本、禪本皆作“白㲲”；磧本、麗本、津本、學本、院本均作“白氎”，今據改。圓本字音、東本字音、開本字音、資本字音、禪本字音皆云：“自㲲，下音牒。”按：“自”字爲“白”字之誤；“㲲”字爲“㲲”字之誤，“㲲”字又應作“氎”字。參看下師子國〔摩訶毗訶羅精舍〕節注〔6〕。白氎即白疊，乃棉布之古稱。太平御覽卷八百二十引魏略所載魏文帝詔中即述及西域白疊。白疊亦寫作白㲲，見北魏賈思勰齊民要術卷十引吳録地理志。

〔13〕發願布施布施已還從僧贖：麗本作“發願布施衆僧布施僧已還從僧贖”。

〔14〕穀：石本作“聲”但改正作“穀”，即“穀”，穀、穀字同。

〔15〕受歲：僧徒每年坐臘（即夏坐）畢，謂之增一法臘，稱爲“受歲”。

〔16〕每讚：石本作“母讚”；麗本、院本作“每請”。

〔17〕其國中有：東本、開本作“其國有”；石本作“其國”。

〔18〕唾壺：“壺”，圓本、東本、開本、磧本作“壺”，資本、禪本作“壼”，皆“壺”之訛；石本、圓本字音、磧本字音、音義均作“壺”，今據改。金本（記引）、麗本、津本、學本、院本作“壺”，即“壺”字。按：出三藏記集卷十五智猛法師傳載智猛以秦弘始六年（公元404年）發跡長安，遠遊天竺，曾於奇沙國見佛文石唾壺。智猛之出行，僅後法顯五年，所見佛唾壺正似法顯所見，其所歷之奇沙國蓋即法顯所經之竭叉國也。

〔19〕以石作：金本（記引）、麗本作“以石作之”。

〔20〕國人：麗本作“其國中人”。

〔21〕有千餘僧：麗本作“有千餘僧徒”。

〔22〕山：此山即指葱嶺。

〔23〕被服粗類秦土：麗本作“被服類粗與秦土同”。“土”，石本作“立”，誤。

〔24〕氈褐：石本作“㲲褐”；禪本作“氈褐”。“㲲”即“氈”，“褐”爲“褐”之誤。

〔25〕法用：佛教用語，亦稱“法要”。爲僧徒舉行法會時之重要儀式：一曰梵唄，即誦偈讚嘆佛德；二曰散華，即散花燒香以供養佛；三曰梵音，即唱偈以淨音供養佛；四曰錫杖，即唱偈而振錫杖。

〔26〕轉轉：金本（記引）、麗本作“轉”。

〔27〕具記其國:金本(記引)作"悉其記國"。

〔28〕果實:"果",石本作"菜",當是"菓"字之誤。

〔29〕安石留:"留",麗本、津本、學本、院本作"榴"。安石留即安石榴,略稱石榴,相傳漢張騫出使西域得之帶歸。"安石"蓋即安息(今伊朗),爲其原產地,故名。

度葱嶺

從此西行向北天竺[1]。在道一月,得度葱嶺。葱嶺冬夏有雪[2]。又有毒龍,若失其意[3],則[4]吐毒風,雨雪,飛沙礫石。遇此難者,萬無一全[5]。彼土人人即名爲雪山人也[6]。

【校注】

〔1〕北天竺:麗本作"北天竺國"。

〔2〕葱嶺冬夏有雪:東本、開本"嶺"作"山";麗本"嶺"作"嶺山";石本"冬"作"各",誤。

〔3〕其意:石本無"意"字。

〔4〕則:鎌本自卷首至"則"字全部殘缺。

〔5〕全:石本作"金",改正作"全"。

〔6〕彼土人人即名爲雪山人也:禪本"雪山人"作"雪山";麗本、院本"人人"作"人","雪山人"作"雪山"。

二 北天竺、西天竺記遊

陀歷國

度嶺已,到北天竺。始入其境,有一小國名陀歷[1]。亦有衆僧,皆小乘學。

其國昔有羅漢[2],以神足力[3],將一巧匠上兜術天[4],觀彌勒菩薩[5]長短[6]、色貌,還下,刻木作像。前後三上觀,然後乃[7]成。像長八丈,足跌[8]八尺,齋日常有光明,諸國王[9]競興[10]供養。今故現在。

於此順嶺西南行十五日。其道艱岨[11],崖岸嶮絕[12],其山唯石[13],壁立千仞[14],臨之目眩[15],欲進則投足無所[16]。下有水,名新頭河[17]。昔人有[18]鑿石通路施傍梯[19]者,凡度七百,度梯已[20],躡懸絙[21]過河[22]。河兩岸相去減[23]八十步。九譯所絕[24],漢之張騫[25]、甘英[26]皆不至[27]。

衆僧問法顯:"佛法東過[28],其始可知耶?"顯云:"訪問彼土人,皆云古老相傳,自立彌勒菩薩像後,便有天竺沙門賚[29]經、律過此河者[30]。像立在佛[31]泥洹[32]後三百許年，計於周氏平王時。由兹而言，大教宣流，始自此像。非夫彌勒大士繼軌釋迦[33]，孰能令三寶[34]宣通，邊人[35]識法。固知[36]冥運之開，本非人事，則漢明[37]之夢，有由而然矣[38]。"

【校注】

〔1〕陀歷：即大唐西域記卷三之達麗羅川，故址在今克什米爾西北部印度河北岸達地斯坦（Dardistan）之達麗爾（Dārel）。古時由印度半島向北通我國，有一陸路交通綫經此，即釋迦方志卷下所稱之"陀歷道"。

〔2〕羅漢：梵文 Arhat 音譯阿羅漢之略。佛教修行所達到的理想中的果位，以爲能斷除煩惱，應受衆生供養，超脱生死輪回。既達此果，能具神力，如本文之所述。

〔3〕神足力：佛教所稱佛、菩薩等所具自在無礙之一種神通。

〔4〕兜術天：石本作"咒術天"；麗本作"兜率天"。梵文 Tuṣita 之音譯，亦作兜率天或覩史多天。佛教理想中的一種天上幻境。又以爲彌勒菩薩即居於其内。

〔5〕彌勒菩薩：梵文 Maitreya Bodhisattva 音譯之略。佛教菩薩之一，傳説他將繼承釋迦牟尼的佛位而成佛。關於此刻木作彌勒菩薩像的神話，大唐西域記卷三亦記其事，云此羅漢名末田底迦（Madhyāntika），並謂"自有此像，法流東派"。

〔6〕長短："短"，石本作"桓"；東本字音、開本字音、資本字音、磧本字音均作"拞"。"桓"爲"拞"之訛，"拞"與"短"同。

〔7〕乃：鎌本作"及"。

〔8〕足趺：圓本字音注云："下音夫，加足坐也。"

〔9〕國王：石本作"王"。

〔10〕競興：石本作"覓興"；鎌本作"竟與"。

〔11〕岨：津本、學本、院本作"阻"；水經河水注引用法顯傳此段關於新頭河之記載，大典本、黄本、沈本、全本、戴本、殿本、楊本作"阻"；吴本，朱本、趙本作"岨"。

〔12〕崖岸嶮絶：鎌本無“岸”字；津本、學本、院本作“崖岸險絶”；水經河水注引文，吳文、朱本、全本、趙本、戴本、殿本、楊本亦作“崖岸險絶”；大典本、黃本、沈本作“崖險岸絶”。

〔13〕唯石：石本、鎌本作“以石”；水經河水注引文，戴本、殿本、楊本作“惟石”。

〔14〕壁立千仞：石本作“辟空千刃”；鎌本作“壁空千刃”。

〔15〕目眩：石本作“目眜”。

〔16〕欲進則投足無所：鎌本作“欲進則懼投足無所”。

〔17〕新頭河：梵文 Sindhu 之音譯，即今印度河。

〔18〕人有：鎌本作“有人”。

〔19〕傍梯：“傍”，法顯傳各本皆作“傍”；水經河水注引文，吳本、朱本亦作“傍”；大典本、黃本、沈本、全本、趙本、戴本、殿本、楊本皆作“倚”。“梯”，石本、鎌本皆作“踶”，下同。音義云：“考聲云：‘梯，隥也，可以登也。’古今正字：‘從木，弟聲。’傳文從足作踶，非。”則唐本有誤作“踶”者。石、鎌兩本之誤同於唐本，亦可見其淵源之古也。

〔20〕凡度七百度梯已：“七百”，石本所附小注及鎌本均作“七日”。水經河水注引文，大典本、黃本作“凡渡七百梯已”；吳本、朱本作“凡度七百渡梯已”；沈本作“凡渡七百渡梯已”；全本、趙本、戴本、殿本、楊本作“凡度七百梯度已”。按：酈注引法顯傳，常簡括其文，大典本、黃本作“凡渡七百梯，已”，文義自通。吳、朱改作“凡度七百，渡梯已”，乃據法顯傳改；而刊誤以朱本文句爲不順，以爲應將“度梯二字例互作‘凡度七百梯（句）度已（句）’，于文義爲順”，趙本即如是改寫，此趙氏未細檢法顯傳也。戴本、殿本同趙本，殿本且譏朱本曰：“案：近刻訛作‘凡度七百渡梯已’。”此又戴氏既未遵大典本，亦未檢法顯傳，却雷同趙本也。

〔21〕躡懸緪：“躡”，石本作“瑈”；鎌本作“蹋”。“懸”，水經河水注引文，吳本、朱本、全本、趙本作“縣”。“緪”，法顯傳各本皆作“絙”；圓本字音、磧本字音云：“絙，古登反，大索也。”又水經河水注引文，全本作“絚”，其他各本皆作“絙”。音義云：“絙……傳作‘絙’，音桓，非。亦書寫脱去心也。”按：音義“絙”應作“緪”，今改。“緪”亦可省作“絚”；唐本已有作“絙”者，音義以爲非。

〔22〕過河：出三藏記集卷十五法顯法師傳和高僧傳卷三釋法顯傳都

24

載:法顯於此"躡懸絙過河數十餘處"。足立氏書(36頁)據此以爲法顯於此所過之河非新頭河主流,而爲其支流,故下句言其兩岸相去尚不足八十步也。按:法顯之自陀歷赴烏萇國,取道新頭河西北岸,此處之"過河",及下文"度河便到烏萇國"之"度河",蓋指新頭河西北岸之支流。大唐西域記卷三記由烏仗那國(即烏萇國)至達麗羅川(即陀歷國)之情況,云:"瞢揭釐城(即烏仗那都城)東北踰山越谷,逆上信度河(即新頭河),途路危險,山谷杳冥,或履絙索,或牽鐵鎖,棧道虛臨,飛梁危構,椽杙躡蹬,行千餘里,至達麗羅川。"此所記道路,即法顯所經行者,西域記之記述,自西南向東北,法顯之行路則自東北向西南。

〔23〕減:石本、鎌本作"滅";水經河水注各本引文皆作"咸",楊守敬云,減、咸古字通。

〔24〕九譯所絕:"譯",磧本、津本、學本作"驛";水經河水注引文,黃本、吳本、朱本、沈本、全本作"驛"。"絕",圓本、磧本、資本、禪本、麗本、津本、學本、院本作"記";東本、開本、石本、鎌本及水經河水注各本引文皆作"絕",今據改。朱本"九驛所絕"下注云:"法顯傳作'九驛所記'。謝兆申云,'驛'當作'譯'。"刊誤云:"按:謝說是也。……九譯所絕,言道路險遠,無人迹也。絕字義長。"按:九譯,指離我國極遠的國家。漢書賈捐之傳顏注引晉灼曰:"遠國使來,因九譯語言乃通也。"

〔25〕張騫:石本作"張寋";鎌本作"張寨"。張騫(?—114年),西漢人,曾奉武帝命出使西域,遠達今中亞一帶,是我國有記載的最早開闢西域交通的重要人物之一。漢書有傳。

〔26〕甘英:石本作"耳英"。甘英,東漢人,和帝時奉西域都護班超命出使大秦(羅馬帝國東部),至條支,臨西海(今波斯灣)而還。事見後漢書西域傳。

〔27〕不至:鎌本作"不能至";麗本、院本作"不至此";水經河水注引文,各本皆作"不至也"。

〔28〕過:石本作"遇"。

〔29〕賫:麗本作"齋";津本、學本作"賫"。

〔30〕自立彌勒菩薩像後便有天竺沙門賫經律過此河者:觀此及上注〔5〕所引大唐西域記卷三"自有此像,法流東派"之語,皆足以反映陀歷地方爲古代佛教東傳我國之一重要交通綫所經。

〔31〕佛：一般認爲佛即梵文 Buddha 音譯佛陀之略。近代學者或以爲佛乃古龜兹文 pūd（或 pud）或焉耆文 pät 之音譯（參看季羡林中印文化關係史論叢 11—19 頁）。意譯"覺者"。本書所稱之佛，常用以爲對釋迦牟尼之尊稱，如此處即是。

〔32〕泥洹：梵文 Nirvāna 之音譯，亦作涅槃，或稱般泥洹或般涅槃（Parinirvāna），意譯"寂滅"、"圓寂"。此云佛泥洹後三百許年，即言釋迦牟尼卒年後約三百年也。按：關于佛之卒年，異説甚多。如大唐西域記卷六云："自佛涅槃，諸部異議，或云千二百餘年，或云千三百餘年，或云千五百餘年，或云已過九百，未滿千年。"西域記成書於唐貞觀二十年（公元 646 年），依玄奘所述，以爲佛卒之年大約在公元前 600 年，或 700 年，或 900 年，或 300 年左右也。法顯此處言佛泥洹後三百許年當我國周平王（公元前 770—720 年）時，是以爲佛卒之年大約在公元前 1000 年左右也。又按：大藏經中有一部善見律毗婆沙（亦作善見毗婆娑律），據歷代三寶紀卷十一云："善見毗婆娑律十八卷，……（齊）武帝世，外國沙門僧伽跋陀羅，齊言僧賢（譯）。師資相傳云，佛涅槃後優波離既結集律訖，即於其年七月十五日受自恣竟，以香華供養律藏，便下一點置律藏前，年年如是。優波離欲涅槃，持付弟子陀寫俱，陀寫俱欲涅槃，付弟子須俱，……如是師師相付，至今三藏法師。三藏法師將律藏至廣州，臨上舶反還去，以律藏付弟子僧伽跋陀羅。羅以永明六年（公元 488 年）共沙門僧猗於廣州竹林寺譯出此善見毗婆沙，因共安居。以永明七年庚午歲（按：永明七年即公元 489 年應爲己巳歲，開元釋教録智昇已改正）七月半夜受自恣竟，如前師法，以香華供養律藏訖即下一點，當其年計得九百七十五點，點是一年。……"由 975－489＝486 上推，可算出佛涅槃年應爲公元前 486 年。此一對於佛涅槃年的推測，目前在國際間爲大多數學者所尊重。如印度學者麥勤達（R. C. Majumdar）主編之十卷本印度人民之歷史與文化（The History and Culture of the Indian People，以下簡稱麥氏書）第二卷第二章、第五章即採用此説，並以之爲基礎來推測其他許多印度古史中重要人物大約的生活年代。兹將其中和法顯傳有關的幾個人物大約的年代推測，選録如下，以備參考：

①佛誕生年：約公元前 566 年（相傳釋迦牟尼在世八十年，故推得此數）。

②摩竭提國洴沙王(Bimbisāra)在位年:約公元前544—493年(錫蘭古僧訶羅編年史相傳此王在位五十二年,而佛涅槃年爲其子阿闍世王在位之第八年,故推得此數)。

③阿闍世王(Ajātaśatru)在位年:約公元前493—462年(古僧訶羅編年史相傳此王在位三十二年,而佛涅槃當其在位之第八年,故推得此數)。

④摩竭提國阿育王(Aśoka)在位年:約公元前273—236年(古僧訶羅編年史相傳此加冕在佛涅槃後二百十八年。阿育王之摩崖敕諭第十三,立于此王加冕後第十三年,據學者之考查,應爲公元前256年所頒布,由此可推知王之加冕年爲公元前269年。而佛涅槃年即公元前486年之後二百十八年亦可爲公元前269年。古僧伽羅編年史又謂阿育王即位後四年始正式加冕,故可推知其即位年得爲公元前273。佛教所傳王在位共三十七年,故又可推知其卒年得爲公元前236年)。

按:天竺古代曆法繁多,保存不完備,計算甚困難。此注及一些相關的年代推算,皆根據麥氏書第二卷698—702頁所載詳細年表。天竺古曆與公曆換算有時會發生一年之差(如我國夏曆與公曆之換算亦然),有時因隔地較遠等原因還可以差得稍多一點。

〔33〕釋迦:釋迦牟尼(Sākyamuni)之簡稱,義爲"釋迦族的聖人",即指佛教創始人悉達多·喬答摩(Siddhārtha Gautama)。

〔34〕三寶:佛教以佛、法、僧爲三寶。

〔35〕邊人:古印度佛教徒稱恒河中流一帶的中印度爲"中國"(Madhya - deśa),(見下〔烏萇國〕節注〔4〕),而以遠方之地爲"邊地"(Mleccha - deśa),人爲邊人或邊地人。

〔36〕知:石本作"如";鎌本作"始"。

〔37〕漢明:麗本作"漢明帝"。即東漢明帝,相傳明帝曾夢見神人,或告爲即佛,因遣使赴西域傳寫佛經,並在洛陽起立佛寺云云。見牟融理惑論(載弘明集卷一)等書。

〔38〕矣:石本、鎌本無此字。

烏萇國

度〔1〕河便到烏萇國〔2〕。烏萇國〔3〕是正北天竺也。

盡作中天竺語，中天竺所謂中國[4]。俗人衣服、飲食[5]，亦與中國同。佛法甚盛。名衆僧住止處[6]爲僧伽藍，凡有五百僧伽藍，皆小乘學。若有客比丘[7]到，悉供養三日，三日過已，乃令自求所安常。

傳言佛至北天竺，即到此國已[8]。佛[9]遺足跡[10]於此[11]。跡或長或短[12]，在人心念，至今[13]猶爾。及曬衣石、度惡龍處，亦悉[14]現在。石高丈四[15]，闊[16]二丈許，一邊平。

慧景、道整、慧達[17]三人先發，向佛影那揭國[18]。法顯等住此國夏坐[19]。

【校注】

〔1〕度：鎌本作“渡”。

〔2〕烏萇國：“烏萇”，麗本作“烏長”，石本、鎌本作“烏萇”，下同；水經河水注引用法顯傳此段關於烏萇國之記載，大典本、黄本、戴本、殿本亦作“烏長”，下同。烏萇爲梵文 Udyāna 之音譯，義爲苑囿。此國即洛陽伽藍記卷五載宋雲等使西域所經之烏場國，亦即大唐西域記卷三之烏仗那國。故地在今巴基斯坦北部斯瓦脱河（Swāt R.）流域。西域記載其王多治瞢揭釐城（Mangkil 或 Maṅgala），即今曼格勒（Manglaur），在斯瓦脱河中流東岸。關於此國佛足跡、曬衣石、惡龍等神話傳説，伽藍記、西域記亦有類似記述。

〔3〕烏萇國：麗本“烏”字上多“其”字。

〔4〕中國：即中天竺。參看〔陀歷國〕節注〔35〕。

〔5〕飲食：石本作“飲會”。

〔6〕住止處：鎌本作“住上處”；麗本作“止住處”。

〔7〕客比丘：“客”，石本作“容”。比丘爲梵文 Bhikṣu 之音譯，亦作苾芻，意譯“乞士”，即出家的佛教僧人，俗稱“和尚”。客比丘，即外來的比丘。

28

〔8〕已:東本、開本、鎌本、麗本、院本作“也”。

〔9〕佛:鎌本作“佛道”。

〔10〕足跡:水經河水注引文,大典本、黃本作“跡”;吴本、朱本、沈本、趙本、戴本、殿本作“足跡”;全本作“足蹟”;楊本作“足迹”。

〔11〕此:鎌本作“亦”。

〔12〕跡或長或短:麗本無“跡”字。“短”,石本,作“㧅”;圓本字音、磧本字音亦作“㧅”,注云:“短字”;鎌本作“桓”,“桓”乃“㧅”之訛。此句五字水經河水注引文作“其跡(楊本跡作迹)長短”。

〔13〕今:石本作“念”。

〔14〕亦悉:麗本作“悉亦”。

〔15〕石高丈四:“丈四”,石本作“大四”;禪本、麗本、院本作“丈四尺”。

〔16〕闊:東本、開本、石本、鎌本作“長”。

〔17〕慧景道整慧達:麗本、院本作“慧景慧達道整”。

〔18〕那揭國:“揭”,鎌本作“謁”。那揭國(梵文 Nagarahāra)即洛陽伽藍記卷五引道榮傳之那迦羅阿國,大唐西域記卷二之那揭羅曷國。故地相當今阿富汗東部賈拉拉巴德(Jalalabad)附近一帶(詳見下〔那竭國〕節)。道榮傳、西域記均載此國有瞿波羅龍窟,並有佛影,故法顯傳稱之爲佛影那竭國。

〔19〕夏坐:石本作“憂坐”。烏萇國之夏坐,爲法顯西行後第四年即公元 402 年之夏坐。

宿呵多國

坐訖,南下,到宿呵多國[1]。其國佛法亦盛。昔天帝釋[2]試菩薩[3],化作[4]鷹、鴿,割肉貿[5]鴿處。佛即[6]成道,與諸弟子[7]遊行,語云:“此本是吾割肉貿[8]鴿處。”國人由是得知,於此處起塔,金銀校餙[9]。

【校注】

〔1〕宿呵多國:理氏書(29頁)云:宿呵多國應在今印度河與斯瓦脱河之間,當即今所稱斯瓦斯梯(Swastene)之地。按:今曼格勒城西南跨斯瓦脱河兩岸之地區,稱爲斯瓦脱(Swat),當即宿呵多國故地。又足立氏書(42—43頁)採藤田豐八意見,以爲法顯之宿呵多國,即慧超往五天竺國傳之西業者多;但高楠順次郎非之,謂"西業"恐"惡業"之誤,"惡業者多",乃慧超傳中對健馱羅國之叙述,而非對另一國之叙述,不得爲宿呵多國。高楠順次郎之説是也。

〔2〕天帝釋:梵文Sakra之意譯,亦稱忉利天王,佛教神話傳説中的忉利天(Trayastriṃsa即三十三天)之主。

〔3〕菩薩:此"菩薩"乃指修菩薩行時之釋迦牟尼。關於此割肉貿鴿之神話傳説,亦見洛陽伽藍記卷五載宋雲等使西域記乾陀羅國下及大唐西域記卷三烏仗那國下。

〔4〕作:鎌本無此字。

〔5〕貿:石本、鎌本作"貧",音義作"貿",皆即"貿"字。圓本字音云:"亦作貧。"音義亦云:"傳作貧,俗字也。"則唐本已有作"貧"者。石、鎌兩本皆與唐本合。

〔6〕即成道:"即",麗本作"既"。

〔7〕諸弟子:東本、開本作"諸第子";鎌本作"諸佛弟子"。

〔8〕貿:石本作"貧",鎌本作"留"。

〔9〕校餝:石本作"拔餝";鎌本作"救餝";麗本、津本、學本、院本作"校飾"。

犍陀衛國

從此東下〔1〕五日行,到犍陀衛國〔2〕。是阿育王子法益〔3〕所治處〔4〕。佛爲菩薩時,亦於此國以眼施人〔5〕。其處亦起大塔,金銀校餝〔6〕。此國人多小乘

30

學。

【校注】

〔1〕東下：足立氏書(44頁)云，此"東下"近於"南下"。

〔2〕犍陀衛國："犍"，石本、鎌本、禪本、麗本、院本作"揵"；水經河水注引用法顯傳此段關於犍陀衛國之記載，大典本、黃本、吳本、朱本、沈本皆脫"犍"字，全本、趙本、戴本、楊本補"犍"字，殿本補"揵"字。此國即洛陽伽藍記卷五載宋雲等使西域記之乾陀羅國，大唐西域記卷二之健馱邏國，此二名皆梵文 Gandhāra 之音譯；至於犍陀衛則爲梵文 Gandhavat 之音譯。梵文 Gandha 之義爲香，故續高僧傳卷二闍那崛多傳亦稱之爲香行國。此國疆域時有變動，故諸書所述每不一致。本書所言犍陀衛國，其故地約當今斯瓦脫河流入喀布爾河之附近一帶。據長澤和俊氏宮内廳書陵部圖書寮本法顯傳校注(13頁)所考，法顯時犍陀衛國之首都當在 Puskarāvatī。按：此即大唐西域記卷二之布色羯邏伐底城，其故址在斯瓦脫河最下游之東岸，喀布爾河之北岸，在今巴基斯坦白沙瓦(Peshāwar)東北十七哩。勞(B. C. Law)古印度歷史地理(Historical Geography of Ancient India)(以下簡稱勞氏書)(119頁)云，此城爲乾陀羅古都。

〔3〕阿育王子法益：阿育王(Aśoka)爲摩竭提國王，著名的佛教扶持者，並曾派人遠赴國外布教，大力從事佛教的傳播。其在位年約爲公元前273—236年(參看前〔陀歷國〕節注〔32〕)。法益爲阿育王之子，皮氏書(30頁注〔3〕)及理氏書(31頁注〔4〕)皆以爲法益爲梵文 Dharma-vivardhana 之意譯；堀謙德解說西域記(以下簡稱堀氏書)(239頁)參照阿育王傳卷三及阿育王經卷四，謂法益即法增，爲梵文 Dharma-vardhana 之意譯。法增又名拘那或鳩那羅(Kunāla)，大唐西域記卷三呾叉始羅國下載此王子傳說甚詳。(西域記作拘浪拏，應作拘拏浪。)

〔4〕所治處：水經河水注各本引文皆作"所治邑"。

〔5〕以眼施人：此以眼施人的神話傳說亦見洛陽伽藍記卷五載宋雲等使西域記乾陀羅國佛沙伏城下及大唐西域記卷二健馱邏國布色羯邏伐底城下。

〔6〕校餝：麗本、津本、學本、院本作"校飾"。

竺刹尸羅國

　　自此東行七日,有國名<u>竺刹尸羅</u>[1]。<u>竺刹尸羅</u>,漢言截頭[2]也。<u>佛</u>爲菩薩時,於此處以頭施人[3],故因以[4]爲名。復東行二日,至投身餧餓虎處[5]。此二處亦起大塔,皆衆寶校飾[6]。諸國王、臣民,競[7]興供養,散華然燈,相繼不絶。通上二塔,彼方人亦名爲四大塔[8]也。

【校注】

　　〔1〕<u>竺刹尸羅</u>:<u>水經河水注</u>引用<u>法顯傳</u>此段關於<u>竺刹尸羅</u>之記載,<u>大典本</u>、<u>黄本</u>、<u>趙本</u>、<u>殿本</u>作"紃尸羅國";<u>吴本</u>、<u>朱本</u>、<u>戴本</u>、<u>楊本</u>作"竺刹尸羅國";<u>沈本</u>作"竺紃尸羅國";<u>全本</u>作"刹尸羅國"。<u>竺刹尸羅</u>即<u>大唐西域記</u>卷三之<u>呾叉始羅國</u>,皆梵文 Takṣaśilā 之音譯。其都城故址,據<u>足立喜六大唐西域記の研究</u>卷上(246頁),在今<u>巴基斯坦</u>北部<u>拉瓦爾品第</u>(Rawalpin-di)西北十餘哩之<u>沙恩台里</u>(Shahanderi)東南附近,有<u>錫爾卡帕</u>(Sirkap)古城遺址,即是。

　　〔2〕截頭:<u>皮氏書</u>(32頁注2)云:<u>竺刹尸羅</u>之梵文原名似由語根 Takṣa(義爲"建置",引申之可解作"割碎")加 Sila(義爲"石頭")合成。Sila 不是 Sira(義爲"頭")。<u>法顯</u>大約把 Sila 誤作 Sira,把整個字義解作"截頭"。<u>法顯</u>致誤之因,大約由於此地又有<u>佛</u>爲菩薩時曾以頭施人之傳説而引起。

　　〔3〕以頭施人:關於以頭施人及下文投身餧餓虎之二神話傳説,分見<u>洛陽伽藍記</u>卷五載<u>宋雲</u>等使<u>西域記乾陀羅國</u>及<u>烏塲國</u>下,亦分見<u>大唐西域記</u>卷三<u>呾叉始羅國</u>及<u>僧訶補羅國</u>下。

　　〔4〕以:<u>石本</u>無此字。

　　〔5〕投身餧餓虎處:<u>石本</u>作"投身餧餒餓虒處"。<u>鎌本</u>"虎"字亦作

“牗”。“餧”,水經河水注引文,大典本、黃本、沈本、戴本、殿本作“飼”;吳本、朱本、全本、趙本、楊本作“餧”。

〔6〕校餝:麗本、津本、學本、院本作“校飾”。

〔7〕竸:石本、鎌本作“竟”。

〔8〕四大塔:即指前述之割肉貿鴿處塔、以眼施人處塔及此節之以頭施人處塔和投身餧虎處塔,合爲四大塔。

弗樓沙國

從犍陀衞國[1]南行四日,到弗樓沙國[2]。佛昔將諸弟子遊行此國,語阿難[3]云:“吾般泥洹[4]後,當有國王名罽膩伽[5]於此處起塔。”後膩伽王[6]出世[7],出行遊觀,時天帝釋欲開發其意,化作牧牛小兒[8],當道起塔[9]。王問言:“汝作何等?”答曰:“作佛塔[10]。”王言:“大善。”於是王即於小兒塔上起塔,高四十餘丈,衆寶校餝[11]。凡所經見[12]塔廟,壯麗[13]威嚴都無此比。傳云[14]:“閻浮提塔,唯此爲上。”[15]王作塔成已,小塔即自傍[16]出大塔南,高三尺許。

佛鉢[17]即在此國。昔月氏王[18]大興兵衆,來伐此國,欲取佛鉢。既伏[19]此國已,月氏王[20]篤信佛法,欲持鉢去,故興[21]供養。供養三寶畢[22],乃校餝[23]大象[24],置鉢其上,象便伏地不能得前。更作四輪車載鉢,八象[25]共牽,復不能進。王知與鉢緣[26]未至,深自愧歎。即於此處起塔及僧伽藍,並留鎮守,種種

33

供養。可有七百餘僧,日將中[27],衆僧則出鉢,與白衣[28]等種種供養,然後中食。至暮燒香時復爾。可容二斗許[29],雜色而黑多,四際[30]分明,厚可二分,甚光澤[31]。貧人[32]以少華投中便滿;有大富者,欲以多華而供養[33],正復[34]百千萬斛,終不能滿[35]。

寶雲[36]、僧景只[37]供養佛鉢便還。慧景、慧達[38]、道整先向那揭國,供養佛影、佛齒及頂骨。慧景[39]病,道整住看。慧達[40]一人還,於弗樓沙國相見,而慧達、寶雲、僧景遂還秦土。慧應[41]在佛鉢寺無常[42]。由是,法顯獨進,向佛頂骨所。

【校注】

〔1〕犍陀衛國:“犍”,石本、鎌本、麗本、院本作“揵”。

〔2〕弗樓沙國:石本作“弗樹沙國”。“弗”,水經河水注引用法顯傳此段關於弗樓沙國之記載,“弗”,大典本、黄本、吴本、朱本、沈本作“佛”;全本、趙本、戴本、殿本、楊本改作“弗”。全本注云:“弗,舊本誤作佛。”刊誤云:“法顯傳作弗樓沙國,今改正。”戴本、殿本皆從全、趙作“弗”,殿本注云:“案弗近刻訛作佛。”是戴氏並未詳檢大典本,不知大典本固亦作“佛”也。此弗樓沙國之都城即洛陽伽藍記乾陀羅國之乾陀羅城,大唐西域記健馱邏國之布路沙布邏(Purushapura)城。此城故址在今巴基斯坦之白沙瓦(Peshāwar)。

〔3〕阿難:梵文 Ānanda 音譯阿難陀之略,傳爲釋迦牟尼之從弟,又爲他的十大弟子之一。

〔4〕般泥洹:鎌本作“般涅洹”。

〔5〕罽膩伽:“罽”,圓本、東本、開本、石本、鎌本、磧本、津本、學本作“罽”;資本、禪本作“罽”;麗本、院本作“罽”,今據改。“膩”,石本、鎌本作“膩”。音義音注此名作“罽膩色迦王”。此王即迦膩色迦王。(Kaniṣka),

是貴霜王國著名的國王,爲佛教之熱烈信奉者,佛教的迦溼彌羅結集,相傳即由他發起召集。當公元前第三世紀中葉,因亞歷山大大帝東征而遺留在中亞南部的希臘人,曾於媯水(今阿姆河)中、上游南、北兩岸之地,建立了一個巴克特里亞王國(Bactria)。公元前第二世紀中葉左右,中亞附近一帶發生許多次部族轉移的事情:①約公元前172—161或160年,本居燉煌、祁連間的月氏族,因被匈奴擊破,西徙至今伊犁河流域一帶;原住今伊犁河一帶的塞種(Śaka)人,則因受此族類轉移的壓力而南遷到罽賓(今克什米爾一帶)等地。②約公元前171—139年,有大約來自東方的大夏(Tochari)等族,不斷進侵巴克特里亞王國,其初占有媯水以北地方,最後渡水而南,在巴克特里亞原地建立了新的國家,即我國史記、漢書中所稱的大夏。③約公元前139—129年,月氏族(大月氏)又受來自東方的烏孫族的攻擊,被迫再向西遷至媯水北岸一帶,擊大夏而臣之,並亦擴張勢力於水南;但大夏雖臣服於月氏,仍在媯水南保留其存在,並分成五個小國(翖侯),其中之一即貴霜翖侯。——以上即公元前第二世紀中葉左右中亞附近一帶所發生的部族轉移的可能的大概情形。接着,據後漢書西域傳所載:"後百餘歲,貴霜翖侯丘就卻攻滅四翖侯,自立爲王,國號貴霜王,侵安息(今伊朗),取高附(今阿富汗喀布爾附近)地,又滅濮達(Bactra,今阿富汗北部伐濟臘巴德附近)、罽賓,悉有其國。丘就卻年八十餘,死,子閻膏珍代爲王,得滅天竺(今印度半島西北部一帶),置將一人監領之。月氏自此之後,最爲富盛,諸國稱之,皆曰貴霜王,漢本其故號,言大月氏云。"這個富盛的大國,是由主要屬於大夏族的貴霜翖侯所擴建起來的,原來的月氏族(大月氏)當亦已被吸收在內。一般都認爲迦膩色迦就是閻膏珍以後的貴霜國王,但他們兩人間的確切關係却不甚明白。迦膩色迦王時的領土,北越媯水,西接安息,東南直到恒河中游一帶,而以弗樓沙(Puruṣapura)爲首都。關於此王在位的時代,頗多異說。其中較可注意者有二說:一說如印度人民之歷史與文化(即麥氏書)第二卷第九章,認爲印度古史中有一"塞種紀年"(Śaka–kāla,即Śaka era),其元年相當公元78年,蓋即迦膩色迦王所創建,因之推定迦膩色迦王在位年代爲公元78—101年或102年。同書又推出丘就卻即Kujula Kasa或Kadphises Ⅰ,其在位年約爲公元15—65年;閻膏珍即Wema(Vima)Kadphises或Kadphises Ⅱ,其在位年約爲公元 65—75 年。又一説，近年歐洲考古學者格希曼（R・Ghirshman）根據地下發掘結果，認爲貴霜之夏都貝格蘭姆（B'egram，在喀布爾東北）係於公元 242 年被波斯攻毀，迦膩色迦王系共歷九十八年，故迦膩色迦王之在位當始於公元 144 年（在位年公元 144—167 年），而丘就卻統治時代當在公元第一世紀中，閻膏珍則當在公元第一世紀末，第二世紀初。此第二説之説服力較大，接受者較多。又在印度文獻中，貴霜人或亦被稱爲吐火羅人（Tukhāra）。按：吐火羅與大夏，蓋即一名也。

〔6〕膩伽王：石本、鎌本作"臟伽王"；麗本、院本作"屬膩伽王"。

〔7〕出世：石本、鎌本作"出迎"。

〔8〕牧牛小兒：東本、開本作"牧牛兒"；石本作"牛羊兒"；水經河水注各本引文皆作"牧牛小兒"。

〔9〕當道起塔：水經河水注各本引文作"聚土爲佛塔"。

〔10〕作佛塔：鎌本作"作塔"。

〔11〕校餝：麗本、津本、學本、院本作"校飾"。

〔12〕經見：石本、鎌本作"經界"。

〔13〕壯麗："壯"，石本、鎌本作"庄"，即"莊"字。

〔14〕傳云：石本作"便云"。

〔15〕閻浮提塔唯此爲上："唯此爲上"，麗本作"唯此塔爲上"。按：古印度佛教幻想中的世界構成，以爲我們所處的小世界，以蘇迷盧山（Sume-ru）爲中心，由同一日月所照的位於大海中的四天下（亦稱四洲）組成。這四洲的名稱是：東毘提訶洲（Videhadvīpa），南瞻部洲（Jambudvīpa），西瞿陀尼洲（Godānadvīpa），北拘盧洲（Kurudvīpa）。（瞻部洲亦譯作閻浮提洲，即我們所住的洲。）此一小世界最外之海爲鹹海，圍繞鹹海而區劃一小世界之鐵山稱爲鐵圍山。關於此被稱爲閻浮提洲中最上之塔，洛陽伽藍記卷五乾陀羅國乾陀羅城下及大唐西域記卷二健馱邏國下皆有記述。又，法顯傳從上文"時天帝釋欲開發其意"至此"唯此爲上"句止，各本水經河水注引文簡寫如下："天帝釋變爲牧牛小兒，聚土爲佛塔，法王因而成大塔，所謂四大塔也。"酈氏所了解之四大塔，係合水經河水注前文述及之以頭施人、投身飼虎、以眼施人三塔及此弗樓沙大塔而言，與法顯傳上文所言之割肉貿鴿、以眼施人、以頭施人、投身餧虎四大塔稍有不同。

〔16〕傍：石本、鎌本作"旁"。

36

〔17〕佛鉢：大唐西域記卷二健馱邏國都城布路沙布邏下亦述及此佛鉢傳説，並謂此鉢流轉諸國，玄奘時已傳入波剌斯（波斯文 Pāras 及梵文 Pārasa 之音譯）。法顯傳此段關於佛鉢之記載，水經河水注亦曾引用。

〔18〕月氏王：水經河水注引文，大典本作“氏王”，脱“月”字，其他各本不脱。按：

①此月氏蓋指貴霜王國。（參見本節注〔5〕所引後漢書西域傳文，貴霜代月氏而興起後，漢仍以月氏的故號來稱呼貴霜。）麥氏書第二卷（第九章）載稱，貴霜王丘就卻之錢幣刻有“堅信之貴霜王 Kujula Kasa”（Kujula-Kasasa Kushāna – yavugasa dhrama – thidasa），其中“堅信”（dhrama – thida）字樣，有時或代以“堅信正法”（sacha – dhrama – thita）字樣，似彼乃佛教之信奉者。法顯傳此處之月氏王，當爲迦膩色迦以前之貴霜王，或即丘就卻也。

②但此月氏王亦可能指貴霜王國建國前稱雄中亞之月氏王。蓋貴霜王國建國前稱雄中亞之月氏王亦已接受佛教，三國志裴注引魏略西戎傳云，漢哀帝元壽元年（公元前 2 年）有博士弟子景盧受大月氏王使伊存口授浮圖經之事。此事之發生，時間蓋尚早於丘就卻之崛起。

〔19〕伏：石本、鎌本作“服”。

〔20〕王：麗本作“王等”。

〔21〕興：禪本、麗本、院本作“大興”。

〔22〕供養三寶畢：石本無“畢”字；鎌本無“供養”二字。

〔23〕校餝：麗本作“校飾”；津本、學本、院本作“校飭”。

〔24〕大象：“象”，石本、鎌本作“象”，即“爲”，乃古“象”字。

〔25〕八象：鎌本作“須復以八象”。

〔26〕緣：鎌本作“无緣”。

〔27〕日將中：鎌本作“日將中食時”；麗本作“日將欲中”。

〔28〕白衣：佛教僧徒多服緇衣，其色似黑，因以白衣爲俗人之別稱。

〔29〕二斗許：東本、開本、石本、鎌本作“二升許”；水經河水注各本引文皆作“二斗”。

〔30〕四際：石本作“四除”。佛教相傳佛成道時，有四天王來獻石鉢，佛總受之，重疊爲一鉢，故其外有四際。見大唐西域記卷八。本傳下文摩揭提國伽耶城所載“四天王奉鉢處”，即指此事。

〔31〕甚光澤:圓本、磧本、資本、禪本、津本、學本、院本皆作"瑩徹光澤";石本無此三字;東本、開本、鎌本、麗本及水經河水注各本引文皆作"甚光澤",今據改。

〔32〕貧人:石本、鎌本作"其先貧人"。

〔33〕欲以多華而供養:東本、開本、石本、鎌本作"欲以多華欲供養";麗本、院本作"欲以多華供養"。

〔34〕正復:石本無"復"字;鎌本作"復正";磧本"復"作"後"。

〔35〕終不能滿:水經河水注各本引文皆作"終亦不滿"。

〔36〕寶雲:石本作"寶云"。下同。

〔37〕只:石本、鎌本作"正";麗本作"止"。

〔38〕慧景慧達:石本作"惠景惠達"。

〔39〕慧景:石本作"惠景"。

〔40〕慧達:石本作"惠達"。

〔41〕慧應:石本、鎌本作"慧應";麗本作"慧景";圓本、東本、開本、磧本、資本、禪本、津本、學本、院本各本皆作"慧景應"。各本"景"字係誤加入;麗本"景"字誤;石本及鎌本是,今據改正,刪"景"字。

〔42〕無常:佛教名詞。梵文 Anitya 的意譯,謂生滅無常,遷流不息也。此處作死亡解。

那竭國

西行[1]十六由延[2],便至[3]那竭國界醯羅城[4]。中有[5]佛頂骨精舍[6],盡以金薄、七寶校餝[7]。國王敬重頂骨,慮人抄奪,乃取國中豪姓八人,人持一印,印[8]封守護。清晨,八人俱到,各視其印,然後開户。開户已,以香汁洗手,出佛頂骨,置[9]精舍外高座[10]上,以七寶圓椹椹下[11],琉璃鍾[12]覆上,皆珠璣校餝[13]。骨黃白色,方圓[14]四寸,其上隆起。每日出後，精舍人則登高樓，擊大鼓，吹螺[15]，敲銅鈸[16]。王聞已，則詣精舍，以華香供養。供養已，次第頂戴而去。從東門入，西門出。王朝朝[17]如是供養、禮拜，然後聽國政。居士[18]、長者亦先供養，乃修家事。日日如是，初無懈惓[19]。供養都訖，乃還頂骨於精舍。中有七寶解脫塔[20]，或開或閉[21]，高五尺許[22]，以盛之。精舍門前，朝朝恒有賣華香人[23]，凡欲供養者，種種買焉。諸國王[24]亦恒遣使供養。精舍處方四十步[25]，雖復天震地裂，此處不動。

從此北行[26]一由延，到那揭國城[27]。是菩薩[28]本以銀錢[29]賀[30]五莖[31]華，供養定光佛[32]處。城中亦有佛齒塔[33]，供養如頂骨法。

城東北一由延，到一谷口。有佛錫杖，亦起精舍[34]供養，杖以[35]牛頭栴檀[36]作，長丈六七許，以木筒盛之，正復百千人，舉不能移。入谷口四日西行[37]，有佛僧伽梨[38]精舍供養[39]。彼國土亢旱時[40]，國人相率出衣，禮拜供養[41]，天即大雨。

那竭城南半由延，有石室，搏山[42]西南向，佛留影此中[43]。去十餘步觀之，如佛[44]真形，金色相好，光明炳著，轉近轉微[45]，髣髴如有。諸方國王遣工畫師模寫[46]，莫能及。彼國人傳云，千佛盡當於此留影。影西百步許[47]，佛在時剃髮剪[48]爪。佛自與諸弟子共造塔，高七八丈，以爲將來塔法，今猶在。邊有寺，寺中有七百餘僧。此處有諸羅漢、辟支佛[49]塔乃千數。

【校注】

〔1〕西行:石本、鎌本無"西"字。

〔2〕由延:梵文 Yojana 之音譯,亦作由旬、踰繕那、踰闍那。大唐西域記卷二對古印度之總述中云:"夫數量之稱,謂踰繕那。踰繕那者,自古聖王一日軍行也。舊傳一踰繕那四十里矣,印度國俗乃三十里,聖教所載唯十六里。"蓋一踰繕那之距離,往往因時因地或因傳聞而異,故諸書記載,每有不同。注釋法顯傳者,對此亦多歧説。如皮氏書(40 頁注 1)云,印度西北各省每由延可能合七哩,摩竭提國及其附近每由延約合四點五哩。理氏書(36 頁注 3)云,由延之計算,有時合四點五哩,有時合五哩至七哩,有時更多於七哩。足立氏書(333—341 頁)曾就法顯傳所記若干地點間之路程距離,加以研究,結論認爲在印度北部及西部,法顯之每一由延平均合四點六哩,在以摩竭提國爲中心之中印度地方,法顯之每一由延平均合六點五哩。

〔3〕便至:麗本無"便"字。

〔4〕醯羅城:"醯",石本、鎌本作"醓"。瓦特斯(Thomas Watters)玄奘之印度旅行(On Yuan Chwang's Travels in India,629—645 A. D. 以下簡稱瓦氏書)第一册(190 頁)引克寧漢(Cunningham)説,醯羅爲 Hilo 之音譯,而 Hilo 則爲梵文 Hadda(義爲"骨")之音轉。瓦氏書第一册(185 頁)謂今賈拉拉巴德(Jalalabad)城南五哩之醯達村(Hidda,亦作 Heida,亦作 Hada),即其遺址。關于佛頂骨之佛教神話傳説,伽藍記卷五那伽羅阿國下及大唐西域記卷二那揭羅曷國醯羅城下亦有記載。

〔5〕中有:麗本作"城中有"。

〔6〕精舍:佛教寺院,亦稱精舍。乃梵文 Vīhāra 之意譯。

〔7〕校餙:麗本、院本作"校飾";津本、學本作"校餙"。

〔8〕印:石本無此字。

〔9〕置:石本作"昷";鎌本作"景"。

〔10〕座:石本、鎌本作"坐"。

〔11〕以七寶圓楪楪下:"楪",圓本、東本、開本、磧本、麗本、津本、學

本、院本皆作“碪”；圓本字音云：“碪，知林反。”石本此句作“以七寶圓椹下”，疑石本脱“椹”字。鎌本作“以七寶圓椹椹下”。音義云：“椹，……知林反，蒼頡篇云：‘椹，鈇椹也。’……碪、並同。”可見唐本作“椹”，與石本、鎌本同，今據改。

〔12〕琉璃鍾：石本作“流離種”；鎌本作“流離鍾”；禪本、津本、學本作“琉璃鐘”；麗本、院本作“瑠璃鍾”。

〔13〕校餝：磧本、麗本、院本作“校飾”；津本、學本作“校餝”。

〔14〕圓：石本作“⋅”。

〔15〕吹螺：圓本字音、東本字音、開本字音、資本字音、禪本字音皆云：“蝱，螺字”；磧本字音云：“蝱，螺音。”可見更早之本有作“吹蝱”者。石本、鎌本、麗本作“吹蝱”。按：“蝱”、“蝱”即“蠡”，皆與“螺”字通。

〔16〕敲銅鈸：石本作“㰸銅鈇”；鎌本作“㰮銅鈇”；麗本作“敲銅鉢”。

〔17〕朝朝：石本作“朝”。

〔18〕居士：梵文 Grihapati，音譯迦羅越，義爲家主，亦曰居士。

〔19〕懈倦：石本、鎌本作“懃惓”；東本、開本、麗本、院本作“懈倦”。

〔20〕解脱塔：石本、鎌本作“解随塔”。

〔21〕或問：石本無此二字。“問”，磧本、麗本、津本、學本、院本作“閒”。

〔22〕高五尺許：“尺”，東本、開本作“丈”。

〔23〕賣華香人：東本、開本、石本、鎌本少“人”字。

〔24〕諸國王：石本少“王”字。

〔25〕方四十步：麗本作“方三十步”。

〔26〕北行：大唐西域記卷二謂醯羅城在那揭羅曷國都城東南三十餘里，故此“北行”應作“西北行”解。

〔27〕那揭國城：即伽藍記卷五引道榮傳之那竭城，大唐西域記卷二之那揭羅曷國都城，此城故址在今賈拉拉巴德城以西不甚相遠處。關於此城中及附近各種佛迹及佛影之神話傳説，伽藍記卷五引道榮傳那迦羅阿國下及大唐西域記卷二那揭羅曷國下亦有類似記述。

〔28〕菩薩：此“菩薩”乃指修菩薩行時之釋迦牟尼。

〔29〕銀錢：鎌本作“金錢”。

〔30〕賀：石本作“賣”；鎌本作“貿”；津本、學本、院本均作“貿”。

“賀”、“貲”同“貿”。

〔31〕莖：石本、鎌本作“荁”。

〔32〕定光佛：梵文 Dīpamkara 音譯提洹竭佛，亦作定光佛、錠光佛或然燈佛。佛教所傳釋迦牟尼以前的諸佛之一。

〔33〕佛齒塔：東本、開本、石本、鎌本無“塔”字。

〔34〕起精舍：東本、開本、石本、鎌本無“起”字。

〔35〕杖以：東本、開本、石本、鎌本無此二字。

〔36〕牛頭栴檀：梵文 Candana 音譯旃檀那，省稱旃檀或栴檀，即檀香。佛教傳說牛頭栴檀(Gośīrsa Candana)極爲貴重，生自一山，峯狀如牛頭，故名。

〔37〕四日西行：東本、開本、麗本作“西行”；石本、鎌本作“四日行”。

〔38〕僧伽梨：即僧伽胝，梵文 Saṅghāti 之音譯，亦稱複衣、大衣。

〔39〕精舍供養：鎌本作“亦精舍供養”；麗本作“亦起精舍供養”。

〔40〕彼國土亢旱時：麗本“土”字下多“俗”字；學本“土”作“上”；津本、學本“時”作“府”。

〔41〕禮拜供養：東本“拜”作“佛”。

〔42〕搏山：圓本、東本、開本、石本、鎌本、磧本、資本、麗本、津本、學本、院本皆作“博山”；禪本作“搏山”。音義所見唐本作“搏山”(詳見下〔莾沙王舊城〕節注〔14〕)，今據改。

〔43〕此中：鎌本作“在此中”。

〔44〕佛：石本無此字。

〔45〕轉近轉微：石本、鎌本作“轉微”。

〔46〕模寫：石本、鎌本、麗本作“摹寫”。

〔47〕影西百步許：金本(記引)、麗本作“影西四百步許”；石本作“西百步許”。

〔48〕剪：石本誤作“前羽”；津本、學本作“翦”。

〔49〕辟支佛：梵文 Pratyeka Buddha 音譯辟支迦佛陀，略稱辟支佛。佛教有所謂三乘之説，即求證“阿羅漢果”之聲聞乘(小乘)，求證“辟支佛果”之緣覺乘(中乘)，求證“佛果”之菩薩乘(大乘)。

度小雪山

住此冬三月[1]，法顯等三人南度小雪山[2]。雪山冬夏積雪。山北陰中遇寒風暴起[3]，人皆噤戰。慧景一人不堪復進，口出白沫，語法顯云："我亦不[4]復活，便可時去，勿得俱死。"於是遂終。法顯撫之悲號："本圖[5]不果，命也奈何！"復自力前，得過嶺[6]。

【校注】

〔1〕冬三月：津本、學本作"冬二月"。

〔2〕小雪山：鎌本作"小雪此"，"此"爲"山"字之誤。皮氏書（49頁注2）、理氏書（40頁注4）及翟氏書（18頁）皆以爲此小雪山即今賈拉拉巴德城以南之塞費德科山脉（Safed Koh）。

〔3〕遇寒風暴起："遇"，圓本、鎌本、磧本、資本、津本、學本、院本作"過"；東本、開本、石本、麗本作"遇"，今據改。磧本、津本、學本無"風"字。

〔4〕不：鎌本作"不能"。

〔5〕圖：圓本、東本、開本、石本、鎌本、磧本作"啚"；麗本、津本、學本、院本作"圖"，今據改。

〔6〕得過嶺：石本作"復過嶺"。

羅夷國　跋那國　毗荼國

南到羅夷國[1]。近有三千僧，兼大小乘學。住此夏坐[2]。

坐訖,南下,行十日[3],到跋那國[4]。亦有三千許僧,皆小乘學。

從此東行三日,復渡[5]新頭河,兩岸皆平地。過河[6]有國,名毗茶[7]。佛法興盛[8],兼大小乘學。見秦道人往,乃大憐愍,作是言:"如何邊地人,能知出家爲道,遠求佛法?"悉供給所須,待[9]之如法。

從此東南行減[10]八十由延,經歷諸寺甚多,僧衆萬數。

【校注】

〔1〕羅夷國:皮氏書(50頁注1)云:自阿富汗東部蘇來曼諸山(Solimāni hills)直至印度河間主要諸部落,總稱爲羅哈尼人(Lohanis);昔印度地理學者所稱之羅哈(Lohàs),及法顯傳之羅夷,或即其人。蓋謂法顯度小雪山後,入山南羅哈尼人所居之地,即稱之爲羅夷國也。翟氏書(19頁)即將法顯之羅夷國譯作阿富汗(Afghanistan)。

〔2〕夏坐:"夏",石本作"憂"。羅夷國之夏坐,爲法顯西行後第五年即公元403年之夏坐。

〔3〕行十日:東本、開本、石本、鐮本無"行"字。

〔4〕跋那國:即今巴基斯坦北部之邦努(Bannu)。或以爲此國即大唐西域記卷十一之伐剌拏國(Varana),但一般認爲伐剌拏國之遺址當在今古馬耳河(Gūmal R.)谷地,尚在邦努略南。

〔5〕復渡:鐮本作"復"。

〔6〕過河:鐮本作"過"。

〔7〕毗茶:東本、開本作"毗荼"。皮氏書(51頁注〔2〕)云,毗茶可能爲梵文Pañcanada(即Pañjāb)音譯之略。原名意爲"五河地區",一般譯作旁遮普,主要部分在今巴基斯坦東北部,小部分在今印度北部。皮氏書又云,毗茶更可能爲傑盧姆河(Jhelam R.)上毗達城(Bhida,亦作Bhira)之音

44

譯,此城曾在一短時間中爲旁遮普數婆羅門國王之都城;其位置處於邦努(Bannu)與摩頭羅(Mathurā)間之直通道路上。

〔8〕復渡新頭河兩岸皆平地過河有國名毗茶佛法興盛:水經河水注引用法顯傳此段關於毗茶國之記載,改寫作"新頭河又西南流,屈而東南流,逕中天竺國,兩岸平地,有國名毗茶(黃本"茶"作"茶"),佛法興盛。"酈氏理解毗茶已在中天竺境,失法顯傳意,蓋法顯傳須至下文所述摩頭羅始入中天竺境也。又,"佛法興盛",石本、鎌本作"佛法學興盛"。

〔9〕待:石本作"侍"。

〔10〕滅:石本作"滅"。

三 中天竺、東天竺記遊

摩頭羅國

　　過是諸處已,到一國,國名摩頭羅[1]。有遥捕那河[2],河邊左右有二十僧伽藍,可有三千僧,佛法轉盛。

　　凡沙河已西,天竺諸國,國王皆[3]篤信佛法。供養衆僧時,則脱天冠,共諸宗親[4]、羣臣手自行食。行食已,鋪氈[5]於地,對上座[6]前坐,於衆僧前不敢坐床。佛在世時諸王供養法式,相傳至今[7]。

　　從是以南,名爲中國[8]。中國寒暑調和,無霜、雪。人民殷樂[9],無户籍官法,唯耕王地者乃輸[10]地利,欲去便去,欲住便住。王治不用刑罔[11],有罪者但罰其錢,隨事輕重,雖復謀爲惡逆,不過截右手而已。王之侍衛、左右皆有供禄。舉國人民悉不殺生,不飲酒,不食葱蒜[12],唯除旃荼羅[13]。旃荼羅名爲惡人,與人别居,若入城市則擊木[14]以自異,人則識而避之,不相唐突[15]。國中不養猪、雞,不賣生口,市無屠、酤[16]及沽酒者[17],貨易則用貝齒,唯旃[18]荼羅、獵師[19]賣[20]

肉耳。

自佛般泥洹後,諸國王、長者、居士爲衆僧起精舍供養,供給[21]田宅、園圃[22]、民戶、牛犢[23],鐵券書録,後王王[24]相傳,無敢廢[25]者,至今不絕。衆僧住止[26]房舍、床褥[27]、飲食、衣服,都無缺乏[28],處處皆爾。衆僧[29]常以作功德爲業,及誦經、坐禪[30]。客僧往到,舊僧迎逆[31],代檐[32]衣鉢,給洗足水,塗足油,與非時漿[33],須臾,息已,復問其臘數[34],次第得房舍、臥具,種種如法。衆僧住處,作舍利弗[35]塔、目連[36]、阿難[37]塔,并阿毗曇[38]、律、經塔。安居後一月,諸希福之家勸化供養僧,作非時漿[39]。衆僧大會説法。説法已,供養舍利弗塔,種種香華[40],通夜然燈。使彼人[41]作舍利弗本婆羅門[42]時詣[43]佛求出家。大目連[44]、大迦葉[45]亦如是。諸比丘尼[46]多供養阿難塔,以阿難請世尊[47]聽女人出家故。諸沙彌[48]多供養羅云[49]。阿毗曇師者,供養阿毗曇。律師者,供養律。年年一供養,各自有日。摩訶衍人[50]則供養般若婆羅蜜[51]、文殊師利[52]、觀世音[53]等。衆僧受歲竟,長者、居士、婆[54]羅門等各持[55]種種衣物、沙門所須,以布施僧[56],衆僧[57]亦自各各布施。佛泥洹已來,聖衆所行威儀法則,相承不絕[58]。

自渡[59]新頭河,至南天竺,迄於南海,四五萬里[60],皆平坦,無大山川,正有河水[61]。

47

【校注】

〔1〕摩頭羅：梵文 Mathurā 之音譯，即<u>大唐西域記卷四之秣兔羅國</u>。<u>勞氏書</u>（107 頁）云，此國都城故址在今<u>印度北方邦西部馬土臘</u>（Muttra）西南五哩之<u>馬霍里</u>（Maholi）。

〔2〕有遥捕那河：<u>圓本、磧本、資本、禪本、津本、學本</u>作"又經捕那河"；<u>麗本、院本</u>作"又經蒲那河"；<u>東本、開本、石本、鎌本</u>作"有遥捕那河"。此河即今<u>馬土臘</u>城東之<u>朱木拿河</u>（Jumna R.），古名 Yamunā，<u>中阿含經卷八</u>譯作<u>搖无那河</u>（<u>頻伽藏本</u>"无"字誤作"尢"），<u>摩訶僧祇律卷八</u>譯作<u>遥扶那河</u>，<u>大唐西域記卷五</u>譯作<u>閻牟那河</u>，其第一音節 Ya 或譯作"搖"，或譯作"遥"，或譯作"閻"，無省去者，故當以<u>東本</u>等之作"有遥捕那河"者爲是，今據改。又，<u>水經河水注</u>引用<u>法顯傳</u>此段關於<u>摩頭羅國</u>、<u>遥捕那河</u>及<u>天竺</u>一般情況之記載，<u>大典本、黄本、沈本</u>作"有逕滿那般"；<u>吴本、朱本</u>作"又經蒲那河"；<u>全本</u>作"又經蒲那般河"；<u>趙本</u>作"又逕蒲那般河"；<u>戴本</u>作"又經捕那般河"；<u>殿本、楊本</u>作"又逕蒲那般河"。其中以<u>大典本、黄本、沈本</u>最接近<u>東本法顯傳</u>。<u>沈本</u>於"有逕滿那般"一句下注云："此句有譌誤。'有'當是'又'；'滿'當是'蒲'，<u>法顯傳</u>作'捕'；'般'字衍……脱'河'字。"<u>沈氏</u>所言"滿"當是"蒲"（或"捕"），"般"字衍，脱"河"字，是也；<u>沈氏</u>以爲"有"當作"又"，則非，"有"字不誤；又<u>沈氏</u>未校出"逕"當是"遥"，形近致誤。蓋此句應即是"有遥蒲（或捕）那河"也。<u>吴本、朱本</u>雖亦有誤，但已改"般"爲"河"，而其後之<u>全、趙、戴、楊</u>諸本仍誤加"般"字，<u>楊氏</u>且謂<u>法顯傳</u>"亦脱般字"，可謂以誤爲不誤，以不誤爲誤矣。又，<u>法顯傳</u>此下未言<u>遥捕那河</u>下游注入何水，<u>水經河水注</u>則謂其"<u>下合新頭河</u>"，實則<u>遥捕那河</u>即今<u>朱木拿河</u>，下游注入<u>恒河</u>而不注入<u>印度河</u>，<u>酈氏</u>所詮釋者誤。

〔3〕皆：<u>鎌本</u>無此字。

〔4〕親：<u>鎌本</u>自"親"字下殘缺。

〔5〕㡩：<u>石本</u>作"栴"，乃"旃"之誤。

〔6〕上座：衆僧中首席之意。<u>石本</u>作"上坐"。

〔7〕相傳至今：本傳自上文"凡沙河已西"至此句"相傳至今"爲止，共六十九字，而<u>水經河水注</u>各本引文簡寫作"自河以西，<u>天竺</u>諸國"八字，於是發生兩錯誤：其一，<u>酈</u>注"自河以西"之"河"字，承上句<u>遥捕那河</u>"下合

新頭河"而來,則此"河"字當指新頭河,而非法顯傳原書所言敦煌以西之沙河矣;其二,本傳於"天竺諸國"一句下,尚有六十字描述天竺諸國篤信佛法情況,而河水注一字不提,則"自河以西,天竺諸國"八字所言何事,毫無歸宿,不可通矣。酈氏引文,應不至如此。故疑今傳世各本水經注此二句下當有佚文。按:此二句下祇要補加"國王皆篤信佛法"數字,即可不失法顯傳文原意。

〔8〕中國:即中天竺,法顯傳以摩頭羅國爲入中天竺之始。

〔9〕人民殷樂:水經河水注引文,各本皆作"人民殷富"。

〔10〕輸:石本作"輪"。

〔11〕刑罔:石本作"刑網";麗本、院本作"刑斬"。又,石本於此二字下多出"有罪者但罰其錢隨事輕重雖不用刑網"十六字。

〔12〕葱蒜:石本作"荙蒜";麗本、學本、院本作"葱蒜"。"葱"同"荙";"蒜"同"蒜"。

〔13〕唯除旃荼羅:"唯除",石本作"唯唯"。"荼",圓本、東本、開本、磧本、資本、津本、學本均作"荼";麗本、院本及翻譯名義集卷二皆作"荼",今據改。下同,旃荼羅爲梵文 Canḍāla 的音譯,印度舊來種姓制度下之最低級族類。翻譯名義集卷二:"旃陀羅,此云屠者,正言旃荼(音途)羅,此云嚴熾,謂惡業自嚴。行時搖鈴,持竹爲幖幟,故若不介者,王必罪之。法顯傳云:名爲惡人,與人別居,入城市則擊竹自異,人則避之。"

〔14〕擊木:圓本、東本、開本、資本、禪本作"擊水";翻譯名義集卷二引法顯傳作"擊竹";石本、磧本、麗本、津本、學本、院本作"擊木",今據改。

〔15〕唐突:石本、圓本字音、東本字音、開本字音、資本字音、禪本字音作"湯突",字音並注云:"觸也,上正作盪(開本作濫)。"磧本、麗本、津本、學本、院本作"搪挴";禪本作"唐挴"。

〔16〕屠酤:圓本、東本、開本、磧本、院本作"屠估";石本作"屠沽";麗本作"屠店";津本、學本作"屠行";圓本字音作"屠酤",注云:"上音徒,屠,殺也;下音姑,與沽同,酤酒也。"今據圓本字音改。

〔17〕及酤酒者:"酤",磧本、律本、學本、院本作"酤";石本、麗本作"沽"。按:上句"市無屠酤"四字文意已足,此"及酤酒者"四字疑衍。

〔18〕旃:石本作"祷"。

〔19〕獵師:石本作"獦";麗本作"漁獵師"。

〔20〕賣:磧本作"賈"。

〔21〕供養供給:東本、開本、石本作"供養";麗本作"供給"。

〔22〕園圃:禪本作"國圃"。

〔23〕牛犢:石本作"牛犢"。

〔24〕後王王:東本、開本作"後王"。

〔25〕廢:石本作"度"。

〔26〕止:石本作"上"。

〔27〕床褥:石本作"林蓐";麗本、院本作"牀蓐"。

〔28〕都無缺乏:東本、開本作"都無渴乏";石本作"都无湯乏";麗本作"都無闕乏"。

〔29〕衆僧:石本作"衆"。

〔30〕坐禪:石本作"以禪"。

〔31〕迎逆:石本作"迎送"。

〔32〕檐:石本、磧本、麗本、津本、學本、院本作"擔"。

〔33〕非時漿:佛教戒律以每日正午以前爲時,正午以後爲非時,時則食,非時則不得食。非時所飲酥油、蜜、石蜜、果漿等,稱爲非時漿。

〔34〕臘數:石本作"臈數"。即僧人歷年安居之次數也。參見前〔竭叉國〕節注〔15〕。

〔35〕舍利弗:梵文Śāriputra音譯舍利弗多羅之略,傳爲釋迦牟尼的十大弟子之一。此下關於舍利弗塔等之供養,大唐西域記卷四秣兔羅國下亦有類似記述。

〔36〕目連:梵文 Maudgalyāyana 音譯目犍連延之略,傳爲釋迦牟尼的十大弟子之一。

〔37〕阿難:已見前〔弗樓沙國〕節注〔3〕。

〔38〕阿毗曇:即阿毗達磨(論),與毗奈耶(律)、素呾纜(經),合稱三藏。

〔39〕作非時漿:禪本、麗本、院本作"行非時漿"。

〔40〕香華:石本、麗本作"華香"。

〔41〕彼人:麗本作"伎樂人";院本作"伎人"。

〔42〕作舍利弗本婆羅門:鎌本作"作樂舍利弗本爲婆羅門"("作樂"

50

以上鎌本殘缺約四百字);麗本作"作舍利弗大婆羅門"。波羅門爲梵文 Brāhmaṇa 的音譯,在印度舊來的階級社會中,居四族姓之首。慧琳一切經音義卷二十六云:"婆羅門,此俗人也,謂淨行高貴捨惡法之人,博學多聞者也。"

〔43〕詣:石本作"諸"。

〔44〕大目連:即目連。

〔45〕大迦葉:梵文 Mahākaśyapa 音譯摩訶迦葉波之略,傳爲釋迦牟尼的十大弟子之一。

〔46〕比丘尼:梵文 Bhikṣūnī 之音譯,亦作苾芻尼,女性的比丘。

〔47〕世尊:梵文 Bhagavat(音譯薄伽梵)的意譯,爲佛教徒對釋迦牟尼的尊稱之一。

〔48〕沙彌:舊以爲梵文Śrāmaṇera 的音譯之略,但烈維以爲乃古代龜茲語 sanmir 之音譯(見烈維所謂乙種吐火羅語即龜茲語考 41 頁),當是。沙彌指依照戒律出家,已受十戒,但尚未受具足戒的男性修行者。

〔49〕羅云:梵文 Rāhula 音譯羅睺羅之略,傳爲釋迦牟尼之子,十五歲出家爲沙彌,爲佛教有沙彌之始,又爲釋迦牟尼的十大弟子之一。

〔50〕摩訶衍人:摩訶衍即摩訶衍那之略,摩訶衍人即大乘的宗信者。

〔51〕般若波羅蜜:般若(梵文 Prajñā 音譯)義爲"智慧",波羅蜜(梵文 Pāramitā 音譯)義爲"到彼岸",般若波羅蜜即開智慧以到達涅槃解脱的彼岸之意。此處之般若波羅蜜,蓋指諸般若經。

〔52〕文殊師利:梵文 Mañjuśrī 之音譯,佛教菩薩之一。

〔53〕觀世音:"觀",東本、開本、鎌本作"光";石本作"先"。觀世音爲梵文 Avalokiteśvara 的意譯,即觀自在,佛教菩薩之一。

〔54〕婆:石本作"波"。

〔55〕持:麗本作"將"。

〔56〕以布施僧:金本(記引)、麗本作"以用布施衆僧"。

〔57〕衆僧:金本(記引)、麗本作"僧受"。

〔58〕絶:鎌本作"施";麗本作"紀"。

〔59〕渡:石本無此字。

〔60〕四五萬里:水經河水注引文,大典本、黄本、戴本、殿本作"四萬

里”；又河水注引文，各本皆在此句下加“也”字。

〔61〕正有河水：金本（記引）、禪本、麗本作“正有河水耳”；石本作“正有何水”；鎌本作“上有河水”；院本作“止有河水耳”。

僧伽施國

從此東南行十八由延，有國名僧伽施[1]。佛上忉利天[2]三月爲母説法來下處[3]。佛上忉利天，以神通力，都不使諸弟子知[4]。未滿[5]七日，乃[6]放神足。阿那律[7]以天眼遥見世尊，即語尊者大目連，汝可往問訊世尊。目連即往，頭面禮足，共相問訊。問訊已，佛語目連：“吾却後七日，當下閻浮提。”目連既還，于時八國大王及諸臣民，不見佛久，咸皆渴仰，雲集此國以待世尊。時優鉢羅比丘尼[8]即自心念：“今日國王、臣民皆當奉迎佛[9]，我是女人，何由得先見佛？”即以神足，化作轉輪聖王[10]，最前禮佛。佛從忉利天上東向下[11]。下時，化作三道寶階：佛在中道七寶階上行；梵天王[12]亦化作白銀階，在右邊執白拂而侍；天帝釋化作紫金階，在左邊執七寶蓋而侍。諸天無數從佛下[13]。佛既下[14]，三階俱没於地，餘有七級現[15]。後阿育王欲知其[16]根際，遣人掘看，下至黄泉，根猶不盡。王益信敬[17]，即於階上起精舍[18]，當中階作丈六立像，精舍後立石柱，高三十肘[19]，上作師子，柱内四邊有佛像，内外暎徹，淨若琉璃[20]。有外道[21]論師與沙門諍此

52

住處,時沙門理屈,於是共立誓言:"此處若是沙門住處者,今當[22]有靈驗[23]。"作是言已,柱頭師子乃大鳴吼見證[24],於是外道懼怖,心伏[25]而退。佛以受天食三月故,身作天香,不同世人。即便浴身,後人於此處起浴室,浴室猶在。優鉢羅比丘尼[26]初禮佛處今亦起塔。佛在世時,有翦髮、爪作塔,及過去三佛[27]并釋迦文佛[28]坐處、經行[29]處,及作諸佛形象處[30],盡有塔,今悉在。天帝釋、梵天王從佛下處亦起塔。

此處僧及尼可有千人,皆同眾食,雜大、小乘學。

住處一[31]白[32]耳龍,與此眾僧作檀越,令國內[33]豐熟,雨澤以時,無諸災害,使眾僧得安。眾僧感其惠[34],故爲作龍舍,敷置[35]坐處,又爲龍設[36]福食供養。眾僧日日[37]眾中別差三人,到龍舍中食。每至夏坐訖,龍輒化形作一小蛇[38],兩耳邊白。眾僧識之,銅杅[39]盛酪,以龍置中。從上座至下座[40]行之,似若問訊,遍便化去,年年[41]一出。

其國豐饒,人民熾盛,最樂無比。諸國人來,無不經理,供給所須。

寺北五十由延[42],有一寺名火境[43]。火境[44]者,惡鬼名也。佛本化是惡鬼。後人於此處起精舍,以精舍[45]布施阿羅漢[46],以水灌手,水瀝滴地[47],其處故在。正復掃除,常現不滅。此處別有佛塔,善鬼神常掃灑,初不須人工[48]。有邪見[49]國王言:"汝能如

53

是者,我當多將兵衆住此,益積糞穢,汝復能除不?"鬼神即起大風,吹之令淨。此處有百枚小塔。人終日[50]數之,不能得知。若至意欲知者,便一塔邊置[51]一人已,復計數人。人或多或少,其不可得知。有一僧伽藍,可六七百僧。此中有辟支佛食處、泥洹地[52],大如車輪。餘處生草,此處獨不生。及曬衣地處,亦不生草。衣條著地跡,今故現在。

　　法顯住[53]龍精舍夏坐[54]。

【校注】

〔1〕僧伽施:"伽",石本、鎌本、麗本作"迦"。僧伽施(Sankāśya)即大唐西域記卷四之劫比他(Kapitha)。西域記舊注云,劫比他國"舊謂僧迦舍國",僧迦舍即僧伽施之異譯。此國都城故址,瓦氏書卷一(335 頁)引克寧漢説,謂在今印度北方邦西部法魯哈巴德區(Farrukhābād)之桑吉沙村(Sankisa)。據皮氏書(62 頁注〔1〕)云,此村位於法魯哈巴德城以西喀里河(Kali Nada,亦作 Kali Nadi)上,距法魯哈巴德城二十五哩。此説爲一般所採用。唯史密斯(Vincent A. Smith)玄奘行程記(The Itinerary of Yuan-chwang338 頁)以爲此國都城故址應在北方邦西部伊塔區(Etah)東北角之巴的里(Patiālī)附近(載瓦氏書卷二,以下簡稱史氏記)。桑吉沙村在馬土臘之東南,其説較可從。水經河水注引用法顯傳此段關於僧伽施國之記載,各本"伽"字皆作"迦"。河水注又稱:"法顯傳曰:恒水東南流逕僧迦施國南。"酈氏誤也。法顯傳無此語;且恒水流經僧伽施國之北,非經其南。

〔2〕忉利天:忉利天爲梵文 Trayastriṃśa 音譯之略,即三十三天。佛教神話傳説中的天。慧苑新譯大方廣佛華嚴經音義上曰:"忉利,梵言,正云怛唎耶怛唎奢。言怛唎耶者此云三也,怛唎奢者十三也。謂須彌山頂四方各有八天城,當中有一天城,帝釋所居,總數有三十三處,故從處立名

54

也。"(按：須彌山即蘇迷盧山，已見前)。以下佛爲母説法後從忉利天下降、阿育王立石柱、優鉢羅比丘尼最前禮佛、過去三佛並釋迦文佛坐處、經行處、及關於龍之諸神話傳説，大唐西域記卷四劫比他國下亦有類似記述。

〔3〕佛上忉利天三月爲母説法來下處："三月"，圓本、資本作"三日"；東本、開本、石本、鎌本、磧本、麗本、津本、學本、院本作"三月"，今據改。水經河水注引文對此改寫作"佛自忉利天東下三道寶階爲母説法處"。楊本注云："按佛國記先叙佛上忉利天，後叙下三道寶階，據佛昇忉利天爲母説法經，佛在忉利天三月安居，爲母摩耶説法，天帝釋知佛當下，使鬼神作三道寶階，佛下躡寶階，爲佛國記所本。酈氏先言下三道寶階，後言爲母説法，嫌倒置。"

〔4〕知：石本作"如"。

〔5〕未滿：東本、開本、石本、麗本作"來滿"。

〔6〕乃：石本作"及"。

〔7〕阿那律：梵文 Anuruddha 之音譯，傳爲釋迦牟尼之從弟，又爲他的十大弟子之一。

〔8〕優鉢羅比丘尼：優鉢羅爲梵文 Utpala 之音譯。優鉢羅比丘尼，大唐西域記卷四作蓮花色苾芻尼。

〔9〕皆當奉迎佛：石本、鎌本無"佛"字；麗本無"奉"字。

〔10〕轉輪聖王：亦作轉輪王、輪王，皆爲梵文 Cakravartin 之意譯。佛教傳説中神化了的國王，並以爲有金、銀、銅、鐵等四輪王之别，其中金輪王統治毘提訶洲、瞻部洲、瞿陀尼洲、拘盧洲等四天下(參見前〔弗樓沙國〕節注〔15〕)；銀輪王統治三天下(除去拘盧洲)；銅輪王統治二天下(再除去瞿陀尼洲)；鐵輪王僅統治一天下即瞻部洲(亦譯作閻浮提洲)。

〔11〕東向下："東"，圓本、磧本、資本、禪本、麗本、津本、學本、院本均作"來"；東本、開本、石本、鎌本皆作"東"；今據改。水經河水注各本引文皆作"東下"，大唐西域記卷四亦言三寶階"南北列，東面下"，可見作"東"字是。

〔12〕梵天王：佛教神話世界的三界(欲界、色界、無色界)中的色界，又分爲若干天，其中有一天之天王稱爲大梵天王(Mahā Brahmā)。

〔13〕諸天無數從佛下：東本、開本、石本、鎌本作"諸天無數從佛"；麗

本作"諸天無數從佛來下"。

〔14〕佛既下:<u>東本</u>、<u>開本</u>、<u>石本</u>作"既下";<u>鎌本</u>作"即下"。

〔15〕七級現:<u>石本</u>作"七七級現";<u>麗本</u>作"七級而現"。

〔16〕其:<u>院本</u>無"其"字。

〔17〕信敬:<u>麗本</u>作"敬信"。

〔18〕即於階上起精舍:<u>水經河水注</u>各本引文作"阿育王於寶階處作塔,後作石柱"云云,不言起精舍。

〔19〕肘:<u>大唐西域記</u>卷二:"窮微之數,分一踰繕那爲八拘盧舍。拘盧舍者,謂大牛鳴聲所極聞,稱拘盧舍。分一拘盧舍爲五百弓,分一弓爲四肘,分一肘爲二十四指(<u>崛謙德解説西域記</u>113頁以爲此處應補"分一指爲三指節"七字),分一指節爲七宿麥……。"<u>翻譯名義集</u>卷三:"一肘,人一尺八寸,佛三尺六寸。"

〔20〕琉璃:<u>鎌本</u>作"瑠璃"。

〔21〕外道:佛教稱其他宗教或學説爲外道。

〔22〕當:<u>鎌本</u>自此字下殘缺至〔王舍新城湋沙王舊城〕節<u>耆</u>闍崛山之"耆"字止。

〔23〕靈驗:<u>石本</u>作"露驗"。

〔24〕見證:<u>麗本</u>作"見驗"。

〔25〕懼怖心伏:<u>東本</u>、<u>開本</u>、<u>石本</u>作"懼怖心服";<u>麗本</u>作"慴怖心伏"。<u>水經河水注</u>引文,<u>大典本</u>、<u>黃本</u>、<u>沈本</u>、<u>全本</u>、<u>趙本</u>、<u>戴本</u>、<u>殿本</u>、<u>楊本</u>作"怖效心誠";<u>吳本</u>、<u>朱本</u>據<u>法顯傳</u>改作"怖懼心伏"。<u>全本</u>注曰:"按:<u>黃本</u>作'怖效心誠',<u>吳本</u>改作'怖懼心伏',而<u>朱本</u>從之,以其與<u>佛國記</u>合也。然古人之文,不必盡同,<u>黃本</u>自通。"

〔26〕優鉢羅比丘尼:<u>石本</u>作"復鉢羅比丘丘"。

〔27〕過去三佛:佛教認爲在<u>釋迦牟尼</u>以前就有成佛的,其前六代的佛名是:

①<u>毗婆尸佛</u>(Vipaśyin),

②<u>尸棄佛</u>(Sikhin),

③<u>毗舍浮佛</u>(Viśvabhū),

④<u>拘樓秦佛</u>(Krakucchanda),

⑤拘那含牟尼佛(Kanakamuni),

⑥迦葉佛(Kāśyapa)。

以上六代成佛者,連同⑦釋迦牟尼佛稱爲過去七佛;其中④⑤⑥⑦合稱過去四佛;④⑤⑥合稱過去三佛。

〔28〕釋迦文佛:即釋迦牟尼佛。

〔29〕經行:即以養身爲目的之散步也。南海寄歸內法傳卷三云:“五天之地,道俗多作經行,直去直來,唯遵一路,隨時適性,勿居鬧處。一則痊痾,二能銷食。”

〔30〕處:石本無此字。

〔31〕一:麗本作“有一”。

〔32〕白:石本作“日”。

〔33〕國內:石本作“國”。

〔34〕惠:石本作“慧”。

〔35〕置:石本作“畐”。下同。

〔36〕設:石本作“説”。

〔37〕日日:石本作“昌”。

〔38〕小蛇:石本作“乘蛇”。

〔39〕銅杆:“杆”,圓本、磧本、資本、禪本、麗本、津本、學本、院本作“盂”;東本、開本、石本、圓本字音、東本字音、開本字音、磧本字音、資本字音、禪本字音作“杆”,今據改。杆、盂字通。音義作“銅盂”(盂即盂字),注云:法顯傳“作杆,俗字也”。可見慧琳所見唐本作“杆”。

〔40〕上座至下座:石本作“上坐至下坐”。

〔41〕年年:麗本作“每年”。

〔42〕寺北五十由延:石本作“等北寺五十由延”;麗本作“寺西北五十由延”。足立氏書(82頁)云:“寺北五十由延或係誤記。又大唐西域記未見關於火境之記事,所言殊怪異莫明,尤其所言往返五十由延歸龍舍夏坐事,實難信憑,或者彼所記者係傳聞耶?”

〔43〕火境:金本(記引)、麗本作“大墳”。

〔44〕火境:同上。

〔45〕以精舍:麗本、院本無此三字。

〔46〕阿羅漢:即羅漢,已見前。

〔47〕水瀝滴地：東本、開本、石本無"水"字。

〔48〕人工：麗本作"人功"。

〔49〕邪見：石本作"耶見"。

〔50〕終日：石本作"枲日"。

〔51〕置：石本作"量"，後同。

〔52〕泥洹地：麗本作"泥地"。

〔53〕住：麗本作"在"。

〔54〕夏坐：僧伽施國龍精舍之夏坐，爲法顯西行後第六年即公元404年之夏坐。

罽饒夷城

坐訖，東南行七由延，到罽饒夷城[1]。城接恒水[2]，有二僧伽藍，盡小乘學。

去城西六七里[3]，恒水[4]北岸，佛爲諸弟子[5]説法處。傳云：説無常、苦[6]，説身如泡沫等。此處起塔[7]猶在。

度恒水[8]，南行三由延，到一村[9]，名呵梨[10]。佛於此中説法、經行、坐處，盡起塔。

【校注】

〔1〕罽饒夷城：圓本、東本、開本、磧本、津本作"罽饒夷城"；圓本字音、東本字音、開本字音、磧本字音、資本字音、禪本字音作"罽鐃夷城"；石本作"罽鐃夷城"；麗本、學本、院本作"罽饒夷城"，今據改。水經河水注引用法顯傳此段關於罽饒夷城之記載，大典本、黃本、沈本作"罽賓繞夷城"；全本作"罽賓繞夷城"；吳本、朱本作"罽賓饒夷城"；趙本、戴本、殿本作"罽賓饒夷城"；楊本刪"賓"字作"罽饒夷城"，是也。罽饒夷城即大唐西域記

58

卷五之羯若鞠闍國曲女城（Kanyākubja），今爲印度北方邦西部之卡瑙季城（Kanauj）。梵文 Kanyā 之義爲“女子”，kubja 之義爲“曲背”，故玄奘稱之爲曲女城（其得名之由來，出於神話，詳見西域記）。據莫尼爾·威廉斯爵士（Sir M. Monier-Williams）梵英辭典（A Sanskrit-English Dictionary, 249 頁）對“Kanyākubja”一字注解云：民間對此城名稱之拼音極爲繁多，有 Kanauj，Kunnoj，Kunnouj，Kinoge，Kinnoge，Kinnauj，Kanoj，Kannauj，Kunowj，Canowj，Canoje，Canauj 等等，故法顯傳又作罽饒夷也。

〔2〕恒水：恒水即大唐西域記之殑伽河（梵文 Gaṅgā），今印度之恒河（Ganges）。此“城接恒水”一句，水經河水注引文，大典本、黃本、吳本、朱本、沈本作“南接恒水”；全本、趙本、戴本、殿本、楊本作“城南接恒水”。

〔3〕去城西六七里：水經河水注各本皆作“城之西北六七里”。

〔4〕恒水：按：此恒水可能指當時在罽饒夷城西面的一條恒水的支流。皮氏書（70—71 頁注 2）引克寧漢云，今卡瑙季城西北有一名爲那拉（Nala）的乾河，皮氏認爲此乾河在法顯時可能爲恒水之一支流，遂亦得恒水之稱。

〔5〕諸弟子：水經河水注引文，大典本、黃本少“弟”字。

〔6〕苦：麗本作“苦空”。

〔7〕塔：大唐西域記卷五羯若鞠闍國下云：“（都）城西北窣堵波，無憂王之所建也。如來在昔，於此七日説諸妙法。”皮氏書（70—71 頁注〔2〕）以爲西域記所説之窣堵波，即法顯此處所見之塔。

〔8〕度恒水：按：此處之“度恒水”，蓋指法顯由罽饒夷城出發東度恒水。

〔9〕村：津本、學本作“林”。

〔10〕呵梨：呵梨蓋即大唐西域記卷五羯若鞠闍國大城東南行百餘里所至據殑伽河東岸之納縛提婆矩羅城。瓦氏書卷一（352—353 頁）云：納縛提婆矩羅之梵文對音爲“Navadevakula”，義爲“新天寺”，所奉者或即毘瑟笯天（Viṣṇu），而毘瑟笯名 Hari，法顯之呵梨，或即 Hari 之對音。

沙祇大國

從此東南行十由延，到沙祇大國〔1〕。

出沙祇[2]城南門,道東,佛本在此嚼楊枝,刺土中[3],即生長七尺[4],不增不減[5]。諸外道婆羅門嫉妒,或斫或拔,遠棄之,其處續生如故。此中亦有四佛[6]經行、坐處,起塔故在。

【校注】

〔1〕沙祇大國:"祇",學本作"祇"。下同。沙祇大蓋即 Sāketa 爲對音,爲古代印度北部拘薩羅國(Kosala)的古都。相傳拘薩羅國最早之都城爲阿踰陀(Ayodhyā),後遷娑枳多(Sāketa),最後又遷舍衛(Srāvastī)。阿踰陀即今印度北方邦中部法扎念德(Fyzabad)東約六哩哥格拉河(Gogra R.)旁之阿約底(Ajodhyā)。娑枳多故址,或以爲與阿踰陀爲同地,或以爲即在阿踰陀旁,爲互相連接之一對姊妹城;易言之,娑枳多故址亦即在今阿約底也。娑枳多之梵文原文 Sāketa 與沙祇大音近相合;而今阿約底城正在卡瑙季城之東偏南,與法顯傳中沙祇大及闍饒夷間之方向亦相合。故學者間頗多贊同沙祇大即 Sāketa 之說。按:阿約底距卡瑙季約一百五十哩,似較法顯傳中沙祇大距闍饒夷之十三由延爲遠;但古代印度之一由延,亦有長達十二哩以上者,馮承鈞譯正法念處經閻浮提洲地誌勘校錄(100—101 頁)即曾對此有所說明,據此,則十三由延甚至可達 150 哩以上矣。水經河水注引用法顯傳此段關於沙祇大國之記載,各本皆增"恒水又東南逕沙祇國北"(大典本、黃本少"沙"字;各本除沈本外,"祇"皆作"祇",下同)一句。按:恒河遠在今阿約底之南,酈氏謂"逕沙祇國北",誤也。又,法顯傳此下所載沙祇城南有嚼楊枝及四佛行坐遺迹等神話傳說,大唐西域記卷五鞞索迦國(Visoka)下亦有類似之記述,故學者間亦有認爲大唐西域記之鞞索迦國即法顯傳之沙祇大國者,以爲沙祇即鞞索迦之略音云。

〔2〕沙祇:水經河水注引文,大典本、黃本"沙"誤作"涉"。

〔3〕佛本在此嚼楊枝刺土中:石本少"佛"字,"刺"字作"剌";麗本作"佛本在此嚼楊枝已刺土中";津本作"佛本在此嚼楊枝則土中"。水經河水注各本引文皆少"本在此"三字;又大典本、黃本脫"枝"字。

60

〔4〕七尺：石本作"士尺"。

〔5〕不增不減：此句下水經河水注引文加"今猶尚在"（戴本作"今尚在"）等數字以爲結束。

〔6〕四佛：即過去四佛，見前〔僧迦施國〕節注〔27〕。

拘薩羅國舍衛城

從此北行[1]八由延，到拘薩羅國舍衛城[2]。城内人民希曠，都有二[3]百餘家。即波斯匿王[4]所治城也。大愛道故精舍[5]處，須達長者[6]井壁[7]，及鴦掘魔[8]得道、般泥洹、燒身處，後人起塔，皆在此城中。諸外道婆羅門生嫉妬心，欲毀壞之，天即雷電霹靂[9]，終不能得壞。

出城南門千二百步，道西，長者須達起精舍[10]。精舍東向開門，門户兩廂有二石柱[11]，左柱[12]上作輪形，右柱[13]上作牛形。池流清淨[14]，林木尚茂[15]，衆華異色，蔚然可觀，即所謂祇[16]洹精舍也。

佛上忉利天爲母説法九十日，波斯匿王思見佛，即刻牛頭栴檀[17]作佛像，置佛坐處。佛後還入精舍，像即避出迎佛。佛言："還坐。吾般泥洹後，可爲四部衆[18]作法式。"像即還坐[19]。此像最是衆像之始，後人[20]所法者也。佛於是移住南邊小精舍，與像異處，相去二十步。祇洹精舍本有七層，諸國王、人民競興供養[21]，懸繒幡蓋，散華，燒香，然燈續明，日日[22]不絶。

61

鼠銜[23]燈炷，燒花幡蓋[24]，遂及精舍，七重都盡。諸國王、人民皆大悲惱，謂栴檀像已燒。却後四五日，開東[25]小精舍户，忽見本像，皆大歡喜。共治精舍，得作兩重，還移像本處。

法顯、道整初到祇洹精舍，念昔[26]世尊住此二十五年，自傷生在邊地[27]，共諸同志遊歷諸國，而或有還者，或有無常者，今日乃見佛空處，愴然心悲。彼衆僧出，問顯等[28]言：“汝[29]從何國來？”答云：“從漢地來。”彼衆僧歎曰：“奇哉！邊地[30]之人乃能求法至此！”自相謂言：“我等諸師和上[31]相承已來，未見漢道人來到此也。”

精舍西北四里有榛[32]，名曰得眼。本有五百盲人，依精舍住此。佛爲說法，盡還得眼。盲人[33]歡喜，刺[34]杖著地，頭面作禮。杖遂生長大，世人重之，無敢伐者，遂成爲榛，是故以得眼爲名。祇洹衆僧中食後，多往彼榛中坐禪。

祇洹精舍東北六七里，毗舍佉母[35]作精舍，請佛及僧，此處故在。

祇洹精舍大援落[36]有二門，一門東向，一門北向[37]。此園即須達長者布金錢買地處也[38]。精舍當中央，佛住此處[39]最久。說法、度人、經行、坐處亦盡起塔，皆有名字。乃[40]孫陀利[41]殺身謗佛處。

出祇洹東門，北行七十步，道西，佛昔共九十六種外道[42]論議，國王、大臣、居士[43]、人民皆雲集而聽。時外道女名施柘摩那[44]起嫉妬心，及[45]懷衣著腹前，似若妊身[46]，於眾會中謗佛以非法，於是天帝釋即化作白鼠，齧[47]其腰帶斷[48]，所懷衣墮地，地即劈裂[49]，生入地獄。及調達[50]毒爪欲害佛，生入地獄處。後人皆標識[51]之。又於論議處起精舍，精舍[52]高六丈許，裏有坐佛[53]。

其[54]道東有外道天寺[55]，名曰影覆，與論議處精舍夾[56]道相對，亦高六丈許。所以名影覆者，日在西時，世尊精舍影則映外道天寺；日在東時，外道天寺影則北映，終不得[57]映佛精舍也。外道常遣人守其天寺，掃灑、燒香，燃[58]燈供養。至明旦，其燈輒移在佛精舍[59]中。婆羅門恚言："諸沙門取我燈，自供養佛。"為爾不止。婆羅門於是夜自伺候，見其所事天神持[60]燈繞佛精舍三帀[61]，供養佛已，忽然不見。婆羅門乃知佛神大[62]，即捨家入道。傳云：近有此事。

繞祇洹精舍有九十八[63]僧伽藍，盡有僧住處[64]，唯一處空。

此中國有九十六種外道[65]，皆知今世、後世[66]，各有徒眾。亦皆乞食，但不持[67]鉢。亦復求福，於曠路側立福德舍，屋宇、床[68]臥、飲食，供給[69]行路人及出家人、來去客，但所期[70]異耳。調達亦有眾在，供養[71]過去三佛，唯不供養釋迦文佛。

舍衛城東南四里,瑠璃王[72]欲伐舍夷國[73],世尊當道側立,立處起塔。

【校注】

〔1〕北行:"北行",今傳世諸本法顯傳皆作"南行"。諸注家如皮氏書(73頁注〔1〕),足立氏書(90頁注〔1〕),皆以爲此處"南行"是"北行"之誤,今據改。足立喜六之言曰:"南行爲北行之誤,不言自明。緣舍衛城確爲今 Balrāmpur 之 Sāhet-Māhet 地,倘法顯由 Kanauj 東南行十三由延後更向南行,則無論如何,必不能到達舍衛城。舍衛城(Balrāmpur)在 Ajodhyā之北(五十哩),八由延則與五十二哩略等也。"(足立氏書86頁)

〔2〕拘薩羅國舍衛城:拘薩羅爲梵文 Kosala 之音譯,印度半島北部之著名古國。其都城之梵文原名爲Srāvastī,巴利文(Pā-li)作 Sāvatthī,舍衛城即其音譯。此城故址在今印度北方邦北部巴耳蘭普爾(Balrāmpur)西北約十二哩臘普提河(Rāptī R.)南岸之沙海脱-馬海脱(Sāhet-Māhet)。大唐西域記卷五及卷六稱此國爲室羅伐悉底國,亦梵文Srāvastī 之音譯也。拘薩羅國係古印度北部著名大國,舍衛城爲釋迦牟尼生前重要之遊化地。

〔3〕二:石本作"一"。

〔4〕波斯匿王:"波",石本作"彼"。波斯匿王梵文作 Prasena-jit,巴利文作 Pasenadi,此其音譯。大唐西域記卷六作鉢邏犀那恃多王,即勝軍王,爲釋迦牟尼同時代之拘薩羅國王。

〔5〕大愛道故精舍:大愛道即釋迦牟尼之姨母鉢邏闍鉢底(Prajāpatī)。大唐西域記卷六室羅伐悉底國下載:舍衛城有"佛姨母鉢邏闍鉢底苾芻尼精舍,勝軍王之所建立"。

〔6〕須達長者:須達即蘇達多(Sudatta),爲舍衛城之長者,與釋迦牟尼同時代。大唐西域記卷六室羅伐悉底國下載舍衛城有蘇達多故宅,並稱其"拯乏濟貧,哀孤恤老,時美其德,號給孤獨(Anātha—piṇḍika)",即善施長者也。

〔7〕井壁:石本作"井辟"。

〔8〕鴦掘魔:鴦掘魔即鴦窶利摩羅(Angulimāla),大唐西域記卷六室羅

64

伐悉底國下載其傳説較詳，謂此人本舍衛城之凶徒，喜殺人，後爲釋迦牟尼所感化，皈依佛法，證羅漢果。

〔9〕霹靂：石本作“礔礰”，同霹靂。音義所見唐本作“礔礰”，然音義以爲非。

〔10〕長者須達起精舍：須達長者以藏金向逝多太子（Jeta）購得園地，爲釋迦牟尼建此精舍，故稱逝多林給孤獨園，即所謂祇洹精舍（Jeta—vanaVihāra）也。關於祇洹精舍及此下波斯匿王刻栴檀佛像、盲人得眼、毗舍佉母作精舍、孫陀利殺身謗佛、佛共外道論議、外道女謗佛生入地獄、調達害佛生入地獄、道東外道寺、世尊當道見瑠璃王、迦葉佛本生處諸神話傳説，大唐西域記卷六室羅伐悉底國下亦有類似記述。

〔11〕精舍東向開門門户兩廂有二石柱：東本、開本作“精舍東向開門户户兩廂有二石柱”；石本作“精舍向開門户户兩相有二石柱”；磧本、津本、學本、院本作“精舍東向開門户户兩廂有二石柱”；資本作“精舍東向開門門户户兩廂有二石柱”；禪本作“精舍東向開門户户兩廂有二石柱”；麗本作“精舍東向開門門户户兩邊有二石柱”。

〔12〕左柱：石本作“石柱”。

〔13〕右柱：石本作“石柱”。

〔14〕池流清淨：金本（記引）、麗本作“精舍左右池流清淨”。

〔15〕林木尚茂：麗本作“樹林尚茂”。

〔16〕祇：磧本、學本作“衹”。下同。

〔17〕栴檀：石本作“檀”。

〔18〕四部衆：佛教稱比丘、比丘尼、優婆塞（Upāsaka，即居士，在家的男信徒）、優婆夷（Upāsikā，即女居士，在家的女信徒）爲四部衆。

〔19〕還坐：石本作“坐”。

〔20〕人：石本作“久”。

〔21〕競興供養：石本作“竟與供養”。

〔22〕日日：石本作“日月”。

〔23〕衛：麗本作“含”。

〔24〕燒花幡蓋：東本、開本、麗本作“燒幡蓋”；石本作“炷香幡蓋”。

〔25〕東：麗本作“東邊”。

〔26〕昔：石本作“音”。

〔27〕邊地:圓本、磧本、資本、禪本、津本、學本、院本作“邊夷”;東本、開本、石本作“邊城”;麗本作“邊地”,今據改。法顯傳前文毗茶國下及下文衆僧對法顯等言,皆作“邊地”也。

〔28〕顯等:麗本作“法顯等”;津本、學本作“顯道”。

〔29〕汝:麗本作“汝等”。

〔30〕邊地:麗本作“邊國”。

〔31〕和上:磧本、津本、學本作“和尚”。和尚即和上,我國對佛教僧人之通稱。

〔32〕榛:金本(記引)、麗本、院本作“林”;石本作“捺”。下同。大唐西域記卷六亦作“林”。淮南子原道訓高誘注云:“藂(叢)木曰榛。”是“榛”猶言雜木叢生之林也。

〔33〕盲人:石本作“盲人人”。

〔34〕刺:石本作“剌”。

〔35〕毗舍佉母:梵文 Visākhā 音譯毗舍佉,母者尊稱。其所獻精舍曰東園(Pūrvārāma)。

〔36〕援落:禪本作“授落”;麗本作“院各”;院本作“院落”。又圓本字音、東本字音、開本字音、資本字音、禪本字音亦皆作“援落,上音院”。

〔37〕一門北向:石本無此四字。

〔38〕處也:麗本、院本無“也”字。

〔39〕此處:東本、開本、石本無“此”字。

〔40〕乃:石本、麗本作“及”。

〔41〕孫陀利:梵文 Sundarī 音譯孫陀利。佛教傳説,有外道誘雇婬女孫陀利詐來聽法,旋又殺之以謗釋迦牟尼,但陰謀後終大白於世。據大唐西域記卷六,此殺婬女以謗佛處即在精舍後不遠。

〔42〕九十六種外道:佛教對於外道之流派,有種種異説,其中相傳有釋迦牟尼當時之六種外道,稱爲“六師外道”(Ṣaṭ‐tīr‐thakarāḥ),即:

①不蘭迦葉(Pūrṇa Kā Śyapa),

②末伽梨瞿舍利(Makkhali Gosāla),

③阿耆多翅舍欽婆羅(Ajita Keśakambala),

④婆浮陀伽旃那(Pakudha Kātyāyana),

⑤散若夷毗羅梨子(Sanjaya Vairattiputra),

⑥尼乾子(Nirgrantha Jñātiputra)。

又傳以上六師各有十五種流派,合爲九十種外道,再加六師,共爲九十六種外道。

〔43〕居士:石本作"君士"。

〔44〕旃柘摩那:"旃",石本作"祎"。"柘",圓本、磧本、資本、禪本、麗本、津本、學本、院本皆作"遮";石本作"祐";東本、開本作"柘",圓本字音亦作"柘……之夜反",音義亦作"柘",今據改。旃柘摩那爲梵文 Ciñcā Mānavika 之音譯,大唐西域記卷六作戰遮。

〔45〕及:禪本、麗本、院本作"乃"。

〔46〕妊身:石本作"任身";院本作"姙身";圓本字音作"姙身,上而禁反,正作姙,孕婦也";東本字音、開本字音、資本字音、禪本字音亦皆作"姙身"。"姙","妊"字同。

〔47〕嚚:金本(記引)、麗本作"噛"。

〔48〕斷:金本(記引)、石本、麗本作"帶斷"。

〔49〕劈裂:東本、開本作"霹裂";金本(記引)、麗本作"裂";石本作"礔裂";音義亦作"劈裂"。

〔50〕調達:梵文 Devadatta 音譯之略,大唐西域記卷六作提婆達多。調達爲釋迦牟尼之從弟,欲與釋迦牟尼爭奪宗教領袖地位,故謀破僧害佛,佛教神話傳說其因此生陷地獄。然據下文,法顯時尚有調達之徒衆在。

〔51〕標識:石本作"橺識";麗本作"幖幟"。

〔52〕精舍:麗本無此二字。

〔53〕裏有坐佛:麗本作"中有坐佛像"。

〔54〕其:石本無此字。

〔55〕外道天寺:東本、開本、石本無"天"字。

〔56〕夾:麗本作"袂"。

〔57〕得:麗本作"能得"。

〔58〕燃燈:石本作"燒燈"。

〔59〕佛精舍:石本作"精舍"。

〔60〕持:石本作"時";麗本作"將"。

〔61〕繞佛精舍三帀："帀",石本、麗本作"匝"。麗本"匝"字下多"供養"二字。按:旋繞爲佛教徒致敬之式,大唐西域記卷二載云:"隨所宗事,多有旋繞,或唯一周,或復三匝。"

〔62〕大:東本、閞本、石本無"大"字。

〔63〕九十八:石本、麗本作"十八"。

〔64〕處:禪本、麗本、院本無此字。

〔65〕九十六種外道:東本、閞本作"十六種道"。

〔66〕後世:磧本、津本、學本無此二字。

〔67〕持:石本作"時"。

〔68〕床:石本作"林"。

〔69〕供給:石本作"供養給"。

〔70〕期:石本作"斯"。

〔71〕供養:麗本作"常供養"。

〔72〕瑠璃王:"瑠",石本、麗本、院本作"琉"。"璃",石本作"瑤"。瑠璃王即大唐西域記卷六之毘盧擇迦王(Virūḍhaka)。西域記舊注云:"舊曰毘流離王,訛也。"相傳此王爲拘薩羅國波斯匿王(即勝軍王)之子,其母乃迦維羅衞城釋迦族女婢之女,毘盧擇迦早年赴迦維羅衞城,曾因此被辱,故即位後乃出兵虜殺釋迦族。關于此傳說,大唐西域記卷六室羅伐悉底國及劫比羅伐窣堵國下均有記述,較法顯傳爲詳。

〔73〕舍夷國:即迦維羅衞城(Kapilavastu),大唐西域記卷六作劫比羅伐窣堵國。足立氏書(100頁)云:"舍夷"譯自巴利語 Sakki,"證者"、"聖人"之意也,舍夷國即謂證者之國,亦即釋迦牟尼之國(迦維羅衞國)也。

都維、那毗伽等三邑

城西五十里,到一邑,名都維[1],是迦葉佛[2]本生處。父子相見處、般[3]泥洹處,皆悉起塔。迦葉如來[4]全身舍利[5]亦起大塔。

從舍衞城東南行十二由延,到一邑,名那毗伽[6],

是拘樓秦佛[7]所生處。父子相見處、般泥洹處,亦有僧伽藍,起塔[8]。

從此北行,減一由延,到一邑,是拘那含牟尼佛[9]所生處。父子相見處、般泥洹處,亦皆起塔。

【校注】

〔1〕都維:石本作"都絕"。皮氏書(83頁注〔2〕)引克寧漢説,都維即今沙海脱-馬海脱(Sāhet-Māhet)西九哩之Tadwa村。

〔2〕迦葉佛:參見〔僧伽施國〕節注〔27〕。關於迦葉佛本生處之神話傳説,大唐西域記卷六室羅伐悉底國下有類似記述。

〔3〕般:石本作"能"。

〔4〕如來:梵文Tathāgata之意譯,乃佛號之一。以爲如實道來,故名爲"如來"。

〔5〕舍利:舍利爲梵文Sarīra(亦稱Sarīra-dhātu)音譯之略,意譯"身骨",指死者火化後的殘餘骨燼。

〔6〕那毗伽:未詳。瓦氏書卷二(6頁)將其梵文名還原作Nābhika。據大唐西域記卷六劫比羅伐窣堵國下所載,迦羅迦村馱佛(即拘樓秦佛)本生故城在劫比羅伐窣堵國王城南五十餘里,其東北三十餘里爲迦諾迦牟尼佛(即拘那含牟尼佛)本生故城。

〔7〕拘樓秦佛:參見〔僧伽施國〕節注〔27〕。關於此佛及拘那含牟尼佛本生處之神話傳説,大唐西域記卷六劫比羅伐窣堵國下亦有類似記述。

〔8〕有僧伽藍起塔:東本、開本、石本作"有僧迦藍";麗本作"皆起塔"。

〔9〕拘那含牟尼佛:參見〔僧伽施國〕節注〔27〕。

迦維羅衛城

從此東行,減一由延,到迦維羅衛城[1]。城中都無

王民,甚如坵荒[2],只有[3]衆僧、民户數十家而已。白
净王[4]故宮處,作太子母[5]形像,乃[6]太子乘白象[7]
入母胎時。太子出城東門,見病人迴車還處。皆起塔。
阿夷[8]相太子處。與難陀[9]等撲象[10]、㧢[11]、射
處,箭[12]東南去三十里入地,今[13]泉水出,後世人治
作井,令行人飲之[14]。佛得道,還見父王處。五百釋
子出家,向優波離[15]作禮,地六種震動處。佛爲諸天
説法,四天王[16]守四門,父王不得入處[17]。佛在尼拘
律樹[18]下,東向坐,大愛道布施佛僧伽梨處,此樹猶
在。瑠璃王[19]殺釋種子[20],釋種子先[21]盡得須陀
洹[22],立塔,今亦在。城東北數里有王田,太子樹
下[23]觀耕者處。

　　城東五十里有王園[24],園名論民[25]。夫人入池
洗浴[26],出池[27]北岸二十步,舉手攀[28]樹枝[29],東
向生太子[30]。太子墮[31]地行七步,二龍王浴太子身,
浴處遂作井。及上洗浴池[32],今衆僧常取飲之[33]。

　　凡諸[34]佛有四處常定:一者成道處;二者轉法
輪[35]處;三者説法論議伏[36]外道處;四者上忉利天爲
母説法來下處。餘[37]則隨時示現焉。

　　迦維羅衛國大空荒,人民希疏。道路怖畏白
象[38]、師子,不可妄行。

【校注】

〔1〕迦維羅衞城:即大唐西域記卷六之劫比羅伐窣堵國(Kapilavastu),古代爲釋迦族(Śākya)所統治的城邦之一,釋迦牟尼爲此城邦統治者白淨王之子。其都城遺址,據麥氏書第二卷(16頁)云,當在今尼泊爾南部之提勞勒科脱(Tilaura Koṭ);但亦有人認爲在提勞科脱東南約十哩,即在今印度北方邦東北部巴斯提區(Basti)北部之匹帕拉瓦(Piprāwā)。據韋氏地名詞典(Webster's Geographical Dictionary 534頁),其位置約在北緯27°37′,東經83°11′之處,靠近尼泊爾南部的帕台利亞(Paderia),在印度所屬果臘克普爾(Gorakhpur)以北。水經河水注引用法顯傳此段關於迦維羅衞城之記載,各本皆謂:"恒水又東南逕迦維羅衞城北。"按:迦維羅衞國境遠在恒水之北,酈氏謂恒水流逕迦維羅衞城北之言誤。又,以下白淨王故宫、太子母像、太子見病人迴車、阿夷相太子、撲象、射箭、佛得道還見父王、大愛道布施僧伽梨、瑠璃王殺戮釋種等佛教神話傳説,大唐西域記卷六劫比羅伐窣堵國下亦有類似記述。

〔2〕甚如坵荒:東本、開本作"甚坵荒";石本作"其柂荒";麗本作"甚丘荒"。

〔3〕只有:石本作"正有";麗本作"止有"。

〔4〕白淨王:亦作淨飯王,即釋迦牟尼之父首圖馱那(Sudd-hodana),爲迦維羅衞國統治者。水經河水注引文,大典本、黃本、吳本、朱本、沈本、全本、趙本"白淨王"均作"曰淨王";戴本無"曰"字;殿本亦無"曰"字,並注云:淨字上"近刻衍曰字";楊本作"白淨王",熊會貞云:"曰爲白之誤,各本相沿,失於不考,戴以曰爲衍而删之,尤鹵莽矣。"按:戴謂"近刻衍曰字",不知大典本固有"曰"字,戴校殿本號稱據大典本,以朱本等爲近刻,何以竟未見大典本原有"曰"字耶?

〔5〕太子母:太子即釋迦牟尼,其母名摩訶摩耶(Mahāmāyā)。

〔6〕乃:麗本、院本作"及"。

〔7〕乘白象:石本作"棄白像"。

〔8〕阿夷:即大唐西域記卷六之阿私多僊。阿夷爲梵文 Asita 音譯阿私多之略。

〔9〕難陀:梵文 Nanda 之音譯。相傳爲白淨王之少子,釋迦牟尼之弟。

71

〔10〕撲象:"撲",圓本作"僕",其他各本皆作"撲",圓本字音亦作"撲",今據改。

〔11〕搦:石本作"角"。

〔12〕處箭:東本、開本作"箭處"。

〔13〕今:東本、開本、石本、磧本、麗本、津本、學本、院本均作"令"。

〔14〕飲之:石本作"餘之";麗本作"飲"。又,自"與難陀等撲象……"至"……令行人飲之"句止,凡三十三字,水經河水注引文略作:"太子與難陀等撲象角力射箭入地今有泉水行旅所資飲也。"河水注此二十四字又次於下文王園夫人洗浴池及浴太子井之後,若非酈氏誤移於後,恐是今傳世各本水經注文字有顛倒處。

〔15〕優波離:"波",石本作"婆"。優波離乃梵文 Upāli 之音譯。傳爲釋迦牟尼的十大弟子之一,號稱"持律第一"。

〔16〕四天王:麗本作"四天王等"。佛教的神話想像,將眾生所住的世界,自下而高,分爲欲界、色界、無色界,合稱三界。欲界中有六欲天,六欲天之一爲四天王天,各有一天正(Deva-rāja)主之:

東曰持國天(Dhṛitarāṣṛra);

南曰增長天(Virūḍhaka);

西曰廣目天(Virūpākṣa);

北曰多聞天(Vaiśramaṇa)。

〔17〕處:石本無此字。

〔18〕尼拘律樹:樹名。梵文 Nyagrodha 之音譯,又作尼拘盧陀、尼拘類陀,即榕樹(Ficus Indica)。

〔19〕瑠璃王:"瑠",圓本、石本作"琉";前文及東本、開本、磧本、麗本、津本、學本、院本等皆作"瑠",今據改。

〔20〕釋種子:麗本作"釋種",下同。

〔21〕先:麗本作"死"。

〔22〕須陀洹:梵文 Srotāpanna 之音譯。佛教聲聞乘的四種"聖果"之一。此"四果"即:

①須陀洹果,即預流果:去凡夫而初入"聖道"之法流也。

②斯陀含(Sakṛidāgāmin)果,即一來果:已斷欲界諸惑之大部分,尚當一度往來欲界也。

③阿那含(Anāgāmin)果,即不還果:斷盡欲界諸惑,不再還來欲界也。

④阿羅漢(Arhat)果:斷盡一切諸惑,永入涅槃,爲聲聞乘之極果也。

〔23〕樹下:麗本作"坐樹下"。

〔24〕王園:"園"字,水經河水注引文,大典本、黃本作"國";沈本亦作"國",但注云當是"園";吳本、朱本、全本、趙本、戴本、殿本、楊本均作"園"。

〔25〕園名論民:水經河水注引文作"園有池水"。"園"字,大典本、黃本均作"國";沈本亦作"國",但注云當是"園";吳本、朱本、全本、趙本、戴本、殿本、楊本均作"園"。論民即大唐西域記卷六劫比羅伐窣堵國下之臘伐尼林(Lumbinīvana),以釋迦牟尼誕生於此而著名,故址在今尼泊爾南部之臘明地(Rummindeī)。

〔26〕浴:石本作"欲"。

〔27〕出池:水經河水注大典本、黃本、殿本引文皆作"出",殿本注云:"案出下近刻有池字";吳本、朱本、沈本、全本、趙本、戴本皆作"出池"。

〔28〕舉手攀:水經河水注各本引文,"舉手"上有"東向"二字;"攀"字,大典本作"板";黃本、戴本作"扳";殿本作"扳",注云:"案扳近刻作攀";吳本、朱本、沈本、全本、趙本、楊本皆作"攀"。

〔29〕樹枝:水經河水注各本引文皆作"樹"。

〔30〕東向生太子:水經河水注各本引文皆作"生太子"。

〔31〕太子墮:水經河水注引文,大典本、黃本作"隨"。

〔32〕池:石本無此字。

〔33〕自"二龍王……"至"……常取飲之"二十四字:"水經河水注各本引文皆作"二龍吐水浴太子遂成井池衆僧所汲養也"。本傳分別夫人洗浴池及太子浴處井甚明白,酈注混言井池,似合二爲一,有失法顯傳原意矣。

〔34〕凡諸:翟氏書(38頁)及足立氏書(113頁)皆於"諸"字斷句。翟氏書譯"凡諸"爲 In all;足立氏書則謂"凡諸"乃概說之義,其下"佛"字不與連讀。

〔35〕轉法輪:佛教謂佛之教法爲法輪(Dharmacakra),説教法爲轉法輪。

〔36〕伏:石本作"服"。

〔37〕餘:麗本作"餘者"。

藍莫國

從佛生處東行五由延,有國名藍莫〔1〕。此國王得佛一分舍利〔2〕,還歸起塔,即名藍莫塔〔3〕。塔邊有池,池中有龍,常守護此塔,晝夜供養。阿育王出世,欲破八塔作八萬四千塔,破七塔已,次欲破此塔,龍便現身,持〔4〕阿育王入其宮中,觀諸供養具已,語王言:"汝供〔5〕若能勝是,便可壞之持去,吾不與汝争〔6〕。"阿育王知其供養具非世之有〔7〕,於是便還〔8〕。

此中〔9〕荒蕪〔10〕,無人灑掃。常有羣象〔11〕以鼻取水灑〔12〕地,取雜華香而供養塔。諸國有道人來,欲禮拜塔,遇象大怖,依樹自翳,見象如法供養。道人大自悲感:此中無有僧伽藍可供養此塔,乃令象灑掃。道人即捨大戒〔13〕,還作沙彌,自挽草木,平治處所,使得〔14〕净潔,勸化國王作僧住處,己爲寺主〔15〕。今現有僧住。此事在近。自爾相承至今,恒以沙彌爲寺主。

從此東行三由延,太子遣車匿〔16〕、白馬還處,亦起塔。

從此東行四由延,到炭塔〔17〕,亦有僧伽藍。

【校注】

〔1〕藍莫:即大唐西域記卷六之藍摩國(Rāma),故址在今尼泊爾南部

74

之<u>達馬里</u>(Dharmaulī 即 Dharmapurī)附近。

〔2〕此國王得佛一分舍利:佛教傳說,謂<u>釋迦牟尼</u>寂滅後焚身畢,有八國國王分取其舍利,還歸起塔,<u>藍莫</u>亦其中之一國。下文言<u>阿育王</u>"欲破八塔",即此八國之塔也。此下關於池龍現身見<u>阿育王</u>、羣象供養塔、沙彌爲寺主、太子遣還<u>車匿</u>、炭塔等佛教神話傳說,<u>大唐西域記</u>卷六<u>藍摩國</u>下亦有類似記述。

〔3〕藍莫塔:<u>水經河水注</u>引用<u>法顯傳</u>此段關於<u>藍莫塔</u>之記載,各本首句皆作"<u>恒水又東逕藍莫塔</u>",此八字非傳文原有。按:<u>藍莫</u>去<u>恒水</u>甚遠,酈氏所加此句誤也。

〔4〕持:<u>麗本</u>作"將"。

〔5〕汝供:<u>麗本</u>作"汝供養"。

〔6〕爭:<u>麗本</u>作"靜"。

〔7〕有:<u>麗本</u>作"所有"。

〔8〕自"<u>阿育王</u>出世……"至"……於是便還"七十八字:<u>水經河水注</u>引文略作"阿育王欲破塔作八萬四千塔悟龍王所供知非世有遂止"(<u>大典本</u>、<u>黃本</u>脫"有"字及"止"字)。

〔9〕此中:<u>水經河水注</u>引文,<u>大典本</u>、<u>黃本</u>、<u>吳本</u>、<u>朱本</u>、<u>沈本</u>、<u>趙本</u>無此二字;<u>殿本</u>於此二字下注云:"案:近刻脫此中二字。"按:<u>殿本</u>自稱據<u>大典本</u>,實則<u>大典本</u>亦脫"此中"二字,<u>戴氏</u>案語似未取<u>大典本</u>對校。又<u>楊本</u>注稱<u>趙本</u>已增"此中"二字,亦誤。

〔10〕荒蕪:<u>水經河水注</u>引文,<u>大典本</u>、<u>黃本</u>、<u>全本</u>、<u>趙本</u>、<u>戴本</u>、<u>殿本</u>作"空荒";<u>吳本</u>、<u>朱本</u>、<u>沈本</u>、<u>楊本</u>作"荒蕪"。

〔11〕象:<u>石本</u>作"㺃",即"象"之古字"㺃"也。下同。

〔12〕灑:<u>水經河水注</u>引文,<u>大典本</u>、<u>黃本</u>、<u>吳本</u>、<u>朱本</u>、<u>沈本</u>、<u>戴本</u>、<u>楊本</u>作"洒";<u>全本</u>、<u>趙本</u>、<u>殿本</u>作"灑"。

〔13〕大戒:即具足戒。沙彌僅受初步之十戒,未受完全之具足戒,故此云捨大戒還作沙彌也。

〔14〕使得:<u>石本</u>作"便得"。

〔15〕主:<u>磧本</u>、<u>津本</u>、<u>學本</u>無此字。

〔16〕車匿:<u>車匿</u>(梵文 Chandaka,巴利文 Channa)乃<u>釋迦牟尼</u>爲太子時之侍者。<u>大唐西域記</u>卷六<u>藍摩國</u>下作<u>闡鐸迦</u>。相傳太子欲出家,在此

將解下的寶衣，摘去的瓔珞，以及所乘白馬交車匭帶歸。

〔17〕炭塔：大唐西域記卷六藍摩國下，記此塔建於藍摩國東尼拘盧陀林，乃自釋迦牟尼焚身地收所餘灰炭來此建塔。

拘夷那竭城

復東行十二由延，到拘夷那竭城[1]。城北雙樹間[2]希連河[3]邊，世尊於此北首而般泥洹[4]。及須跋最後得道處[5]，以金棺供養世尊七日處，金剛力士[6]放金杵處，八王分舍利處[7]。諸處[8]皆起塔，有僧伽藍，今悉現在。

其城中人民亦稀曠，止[9]有衆僧民戶。

【校注】

〔1〕拘夷那竭城：水經河水注引用法顯傳此段關於拘夷那竭城之記載，“竭”字，大典本、沈本均作“褐”，沈本注云“褐當作竭”；黃本、戴本、殿本作“褐”，殿本注云“案褐，近刻作竭”，戴氏蓋不知本傳原作“竭”字；全本、趙本作“喝”，刊誤云“竭，全祖望校改喝”，亦不知本傳原作“竭”字也；吳本、朱本、楊本均作“竭”。“城”字，水經河水注各本皆作“國”。又河水注各本引文首句皆謂“恒水東南流逕拘夷那竭國南”，非傳文原有。按：拘夷那竭國去恒水甚遠，酈氏所加此句亦誤。拘夷那揭城即大唐西域記卷六之拘尸那揭羅國（Kuśinagara）。拘夷那揭城故址所在，學者所説不一；據瓦氏書卷二（339—340頁）所載史氏記引用卡德加·沙姆謝爾·忠格親王（Prince Khaḍga Shamshēr Jang, Rāna Bahādur）説，則主張在今尼泊爾南境小臘普提（Little Rāptī）及干達克（Gandak）兩河合流處之南，即巴伐沙格脱（Bhavasār Ghāṭ）之附近。此説並以小臘普提河爲 Achiravatī 河（即大唐西域記卷六之阿恃多伐底河 Ajitavatī 或阿利羅跋提河 Achiravatī），干達克

76

河爲 Hiraṇyavatī(即大唐西域記卷六之尸賴拏伐底河 Siraṇyavaīt),二河不應混而爲一。按:以上皆卡德加·沙姆謝爾·忠格親王之見解,他的原作(載 Pioneer Mail,1904 年 2 月 26 日),今無從得見;然就其結論而推考之,則頗爲合理。蓋如依其結論,拘夷那竭城故址在今小臘普提河(即古阿恃多伐底河)與今干達克河(即古尸賴拏伐底河)合流處之南,則此城之北,有二河皆自東向西流去,漸匯合而成一河,而此匯合點略東的二河之間,即釋迦牟尼般泥洹之地,法顯傳稱爲"雙樹間",大唐西域記稱爲"娑羅林"者是也。大唐西域記卷六云,拘夷那揭城"西北三四里,渡阿恃多伐底河,西岸不遠,至娑羅林,……如來寂滅之所也。"今小臘普提河正在古拘夷那揭城與娑羅林之間,即此阿恃多伐底河也。而娑羅林之西,尚有一河。何以知尚有一河?據唐僧人慧超往五天竺國傳知之。往五天竺國傳云:"拘尸那國(按:即法顯傳之拘夷那揭城),……佛入涅槃處(按:即法顯傳之"雙樹間")置塔,……此塔西有一河,伊羅鉢(鉢)底水,南流二千里外,方入恒。"由此可見佛涅槃處(即"雙樹間")之西,尚有一河,名伊羅鉢底。此伊羅鉢底河,即法顯傳之希連河,大唐西域記之尸賴拏伐底河,亦即今干達克河,其下游正入恒河也。綜合法顯傳、大唐西域記、慧超往五天竺國傳所載以觀,可知卡德加·沙姆謝爾·忠格親王之説頗爲合理,可以成立。唯此説與大唐西域記卷六之注文互有矛盾:西域記卷六於拘尸那揭羅國阿恃多伐底河下注云:"唐言無勝,此世共稱耳。舊云阿利羅跋提河,訛也。典(典或作舊)言謂之尸賴拏伐底河,譯曰有金(金或作金沙)河。"此注蓋以阿恃多伐底與尸賴拏伐底爲一河。然就譯名論,顯然有兩組,阿恃多伐底河與阿利羅跋提河爲一組,希連河、尸賴拏伐底河與伊羅鉢底河又爲一組,兩組間不似可相通轉,蓋是兩河而非一河。或者因小臘普提河下游注入干達克河之故;古時遂有將兩河之名混而爲一之事乎。以下關於雙樹間般泥洹地、須跋得道、金棺供養、金剛力士、八王分舍利等佛教神話傳説,大唐西域記卷六拘尸那揭羅國下亦有類似記述。

〔2〕雙樹間:"樹",水經河水注引文,大典本、黃本、沈本作"林"。雙樹間即釋迦牟尼般泥洹之地點,大唐西域記卷六拘尸那揭羅國下稱此爲娑羅林(Sālavana),謂在拘夷那竭城附近,出城西北三四里,渡阿恃多伐底河,西岸不遠,即至其地。

〔3〕希連河:麗本作"希連禪河";水經河水注各本引文皆作"有希連

77

禪河",朱本於"河"字下注云,"謝兆申云,河下疑又有一河字";全本、趙本、戴本、殿本、楊本均於"河"字下增一"河"字,但大典本、黃本、吳本、朱本、沈本皆未增,此亦戴氏同全、趙而未遵大典本之一例。希連河即大唐西域記卷六拘那揭羅國下注文中所稱之尸賴拏伐底河,應在雙樹間之西。參見本節注〔1〕。又,麗本作"希連禪河",增一"禪"字,足立氏書(351頁)以爲乃與尼連禪河(佛成道地之河)混同而誤增者。

〔4〕而般泥洹:水經河水注各本引文皆無"而"字。"洹"字,大典本、黃本作"涅";朱本作"涅",注云:"佛國記作北首般泥洹,遠法師不敬王者論云,冥神絕境,謂之泥洹,今作泥涅誤。"吳本、沈本作"涅";全本、趙本、戴本、殿本、楊本皆作"洹"。

〔5〕須跋最後得道處:須跋乃梵文 Subhadra 音譯之略,大唐西域記卷六拘尸那揭羅國下作蘇跋陀羅。佛教神話傳説,謂須跋聞釋迦牟尼在雙樹間將入涅槃,急來受教,成爲釋迦牟尼生前的最後一個弟子,並先釋迦牟尼而入涅槃。

〔6〕金剛力士:金剛力士即佛教神話傳説中的執金剛神(Vajrapāni),以手執金剛杵,懲惡護法而得名,此時因見釋迦牟尼入涅槃,捨金剛杵,悲痛欲絕。

〔7〕八王分舍利處:佛教傳説,謂釋迦牟尼寂滅後焚身畢,有八國國王分取其舍利,還歸起塔。此八國名諸處之記載不盡相同,據佛説長阿含經卷四爲:

①拘尸國——即法顯傳之拘夷那竭城;

②波婆國(Pāvā);

③遮羅國(Allakappa);

④羅摩伽國——即法顯傳之藍莫國;

⑤毗留提國(Vaiṣtradvīpa);

⑥迦維羅衛國——即法顯傳之迦維羅衛城;

⑦毗舍離國——即法顯傳之毗舍離國;

⑧摩竭國——即法顯傳之摩竭提國。

〔8〕諸處:麗本作"此諸處"。

〔9〕止:東本、開本、石本作"正"。

諸梨車欲逐佛般泥洹處

　　從此東南行十二由延,到[1]諸梨車[2]欲逐[3]佛般泥洹處。而佛不聽,戀佛不肯去。佛化作大深壍[4],不得渡。佛與鉢作信遣還。其處[5]立石柱,上有銘題。

【校注】

〔1〕到:石本作“則”。

〔2〕梨車:梨車(Licchavi)爲散布在古印度半島東北部毗舍離一帶之一部族(毗舍離參見下節注[2])。佛教神話傳說,謂釋迦牟尼將離毗舍離赴拘夷那竭城而入涅槃,諸梨車追逐相從不肯去,釋迦牟尼乃化作大深壍以止之,並留鉢爲作追念。大唐西域記卷七吠舍釐國下亦記此事,梨車譯作栗呫婆子。

〔3〕逐:圓本作“遂”;他各本皆作“逐”,今據改。

〔4〕壍:石本作“塹”。

〔5〕處:圓本、東本、開本、磧本、資本、禪本、津本、學本、院本均作“家”;麗本作“家處”;石本作“處”,足立氏書據改,今從之。

毗舍離國

　　自此東行五由延[1],到毗舍離國[2]。毗舍離城北,大林重閣精舍[3],佛住處[4],及阿難半身塔[5]。其城裏本菴婆羅女家,爲佛起塔,今故現在[6]。城南三里,道西,菴婆羅女以園施佛,作[7]佛住處。佛將般泥洹,與諸弟子出毗舍離城西門,迴身右轉,顧看毗舍離城，告諸弟子：“是吾最後所行處。”後人於此處起塔。

城[8]西北三里，有[9]塔，名放弓仗[10]。以名此者[11]，恒水上[12]流有一國王，王[13]小夫人生一[14]肉胎，大夫人妬[15]之，言：“汝[16]生不祥之徵。”即盛以木函，擲恒水中。下流有國王[17]遊觀，見水上木函，開看，見千小兒，端正殊特[18]，王即[19]取養之。遂使[20]長大，甚勇健，所往征伐，無不摧伏[21]。次[22]伐父王本國，王大愁憂[23]。小夫人問王[24]：“何故愁憂[25]？”王曰：“彼國王有千子，勇健無比，欲來[26]伐吾國[27]，是以愁耳[28]。”小夫人言：“王勿愁憂[29]！但於城東[30]作高樓，賊來時，置我樓上[31]，則我能却之。”王如其[32]言。至賊到時[33]，小夫人於樓上語賊言[34]：“汝是我子，何故作反逆事[35]？”賊曰：“汝是何人，云是我母？”小夫人曰：“汝等若不信者，盡仰向張口[36]。”小夫人即以[37]兩手搆[38]兩乳[39]，乳各[40]作五百道，墮[41]千子口中。賊知是我[42]母，即放弓仗。二父王[43]於是思惟[44]，皆得辟支佛。二辟支佛塔[45]猶在。後世尊[46]成道，告諸弟子：“是吾[47]昔時放弓仗處。”後人得知，於此[48]立塔，故以名焉。千小兒者[49]，即賢劫千佛[50]是也[51]。佛於放弓仗塔邊[52]告阿難言：“我却後三月，當般泥洹[53]。”魔王嬈固阿難，使不得請佛住世[54]。

從此東行三四里，有塔。佛般泥洹後百年，有毗舍

離比丘錯行戒律,十事證言佛説如是〔55〕。爾時諸羅漢
及持戒律比丘凡夫者有七百僧〔56〕,更檢校律藏〔57〕。
後人於此處起塔,今亦在〔58〕。

【校注】

〔1〕東行五由延:足立氏書(126頁)謂此東行應爲東南行。"五由延"
三字,石本作"由延";麗本作"十由延"。

〔2〕毗舍離國:水經河水注引用法顯傳此段關於毗舍離國之記載,於
引文前加"恒水又東逕毗舍離城北"一句。按:毗舍離都城實在恒水之北,
酈氏所加此句誤也。又"離"字,大典本、黄本、沈本、全本、趙本、戴本、殿
本皆作"利",沈本注云"一作離",殿本注云"案利初刻訛作離";吳本、朱
本、楊本則均作"離"。楊本熊會貞注云:離字"黄省曾本作利,然佛國記作
離,(水經)注多本佛國記,此句蓋依而書之,黄本作利,已是後人改"。然
則殿本注以"離"字爲訛者,非也。毗舍離國即大唐西域記卷七之吠舍釐
國(Vaiśālī),都城故址在今印度比哈爾邦(Bihār)北部木札法普爾(Muzaf-
farpur)地區之比沙爾(Basārh)。此國乃古印度著名大國,爲恒河中流之交
通中心,向西有大道可通迦維羅衛城,向東有大道可通摩竭提國王舍新城
(Rājagṛiha),亦釋迦牟尼生前重要之遊化地。本文以下關於毗舍離城北
重閣精舍、佛住處、阿難半身塔、菴婆羅女、顧看毗舍離城、千子見父母、佛
告涅槃、魔王嬈固阿難、毗舍離結集檢校律藏等佛教神話傳説,大唐西域
記卷七吠舍釐國下亦有類似記述。

〔3〕毗舍離城北大林重閣精舍:水經河水注引文,作"城北有大林重
閣"。又"閣"字,大典本、黄本作"闊";沈本作"閣";吳本、朱本、全本、趙
本、戴本、殿本、楊本皆作"閣"。

〔4〕佛住處:"住",石本作"桂"。水經河水注引文,大典本、黄本作
"佛在于此";吳本、朱本、沈本、全本、趙本、戴本、殿本、楊本作"佛住于
此"。

〔5〕阿難半身塔:事詳下文。

〔6〕其城裏本菴婆羅女家爲佛起塔今故現在:水經河水注引文,此十

81

七字略作"本菴婆羅女家施佛起塔也"十一字,省去"其城裏",且緊接"城北有大林重閣佛住於此"句之下,似二者同爲一地,與本傳異矣。引文之"菴"字,大典本、黃本、殿本均作"奄",殿本注云"案奄近刻作菴";吳本、朱本、沈本、全本、趙本、戴本、楊本均作"菴"。楊本注云:"戴(按:指殿本)改菴作奄。會貞按:非也,佛國記本作菴。又偏考釋典,……無作奄者,慧琳大乘頂王經音義(音義卷二十八)且明引文字典説,從艸奄聲,足徵戴改之妄。良由戴氏未涉獵釋典,本卷凡所删改,但憑胸臆,故一往多誤,此其一也。"按:熊會貞氏之評戴氏如此。然改"菴"作"奄"者乃殿本,戴氏未入四庫館前自刻之戴本固從全、趙作"菴"。改作"奄"者,或因入館後見大典本作"奄"之故。關於菴婆羅女,據佛教神話傳説,謂毗舍離國有婬女名菴婆羅女(Āmbapālī),亦譯菴婆婆梨,釋迦牟尼曾至其家受其供養,並爲説法使之得道。下文以園施佛者亦即此女。

〔7〕作:柬本、開本、石本無"作"字。

〔8〕城:水經河水注各本引文皆作"城之"。

〔9〕有:水經河水注各本引文皆無此字。

〔10〕仗:水經河水注引文,大典本作"伏"。

〔11〕以名此者:水經河水注各本引文皆無此四字。

〔12〕上:麗本無此字;水經河水注引文,大典本、黃本作"下"。

〔13〕國王王:水經河水注引文,大典本、黃本、沈本作"國王國王";吳本、朱本、楊本作"國王王";全本、趙本、戴本、殿本作"國國王",殿本注云:"案近刻作……國王王……。"殿本自稱所據者爲永樂大典本,此處注所言"近刻",蓋指吳本、朱本而言,然戴氏改作"國國王",所依者實非大典本,而是從全、趙本。

〔14〕一:水經河水注各本引文無此字。

〔15〕姤:水經河水注引文,大典本、黃本、吳本、朱本、沈本皆作"姤";全本、趙本、戴本、殿本、楊本皆作"妒"。

〔16〕汝:水經河水注各本引文,作"汝之"。

〔17〕國王:水經河水注引文,黃本作"國"。

〔18〕特:水經河水注引文,大典本、黃本、沈本、趙本、戴本、殿本作"好";吳本、朱本、全本、楊本作"特"。

〔19〕即:水經河水注各本引文皆無此字。

〔20〕使:磧本、麗本、津本、學本、院本均作"便"。<u>水經河水注</u>各本引文,無此字。

〔21〕摧伏:<u>水經河水注</u>引文,大典本作"推服";<u>黄本</u>、<u>沈本</u>、<u>戴本</u>、<u>殿本</u>作"摧服";<u>吳本</u>、<u>朱本</u>、<u>全本</u>、<u>趙本</u>、<u>楊本</u>作"摧伏"。

〔22〕次:<u>水經河水注</u>各本引文作"次欲"。

〔23〕愁憂:<u>水經河水注</u>引文,大典本、黄本、沈本作"憂愁";<u>吳本</u>、<u>朱本</u>、<u>全本</u>、<u>趙本</u>、<u>戴本</u>、<u>殿本</u>、<u>楊本</u>皆作"愁憂"。

〔24〕王:<u>水經河水注</u>各本引文無此字。

〔25〕愁憂:同上注〔23〕。

〔26〕來:磧本作"求"。

〔27〕吾國:<u>水經河水注</u>引文,沈本作"我國"。

〔28〕耳:<u>水經河水注</u>各本引文皆作"爾"。

〔29〕王勿愁憂:<u>水經河水注</u>各本引文皆作"勿愁"。

〔30〕城東:<u>水經河水注</u>引文,大典本、黄本、沈本、全本、趙本、戴本、殿本、楊本作"城西";<u>吳本</u>、<u>朱本</u>作"城東"。

〔31〕置我樓上:<u>水經河水注</u>引文,大典本、黄本、殿本均作"上我置樓上",<u>殿本</u>注云"案此五字近刻作置我樓上四字";<u>吳本</u>、<u>朱本</u>、<u>沈本</u>、<u>全本</u>、<u>趙本</u>、<u>戴本</u>、<u>楊本</u>皆作"置我樓上"。

〔32〕其:<u>水經河水注</u>引文,沈本作"其";其他各本均作"是"。

〔33〕至賊到時:麗本作"至賊來時"。<u>水經河水注</u>各本引文皆作"賊到"。

〔34〕言:<u>水經河水注</u>各本引文皆作"云"。

〔35〕作反逆事:<u>水經河水注</u>各本引文皆作"反作逆事"。

〔36〕仰向張口:<u>水經河水注</u>各本引文皆作"張口仰向"。

〔37〕以:<u>水經河水注</u>引文,大典本、黄本無此字。

〔38〕搆:禪本作"搯"。<u>水經河水注</u>引文,大典本、黄本、吳本、朱本、沈本、全本作"將",<u>朱本</u>注云:"佛國記作兩手搆乳,"<u>沈本</u>注云"朱本引佛國記作兩手搆乳",<u>全本</u>注云"<u>孫潛</u>曰'將當作搯',予謂將亦通";<u>趙本</u>作"搯",刊誤云"……將、搯字形相似,搯字是也";<u>戴本</u>、<u>殿本</u>、<u>楊本</u>皆作"搯",<u>殿本</u>注云"案搯近刻作將"。依戴氏此注,即大典本亦成爲"近刻"矣,此亦<u>戴</u>氏從趙本而非從<u>大典本</u>出之一例也。

〔39〕兩乳：水經河水注各本引文皆作“乳”。

〔40〕各：麗本無此字。水經河水注各本引文皆無此字。

〔41〕墮：禪本、麗本作“俱墮”；水經河水注各本引文亦作“俱墮”。

〔42〕我：麗本作“其”；水經河水注各本引文無此字。

〔43〕二父王：水經河水注引文，大典本、黃本、沈本、殿本作“父母”，殿本注云“案父母近刻作二父王”；吳本、朱本、全本、趙本、戴本、楊本作“二父王”。

〔44〕於是思惟：水經河水注各本引文皆作“作是思惟”。

〔45〕二辟支佛塔：水經河水注引文，大典本、黃本作“今一一塔”；吳本、朱本、沈本、全本、趙本、楊本作“今二塔”；戴本、殿本作“今其塔”，殿本注云：“案其近刻作二。”戴之“其”字，乃自所改定者，戴之改定此字，實未參看大典本，否則殿本不當出此校注，蓋大典本之“一一”，顯然即是“二”字，依殿本校注，彼所自稱作爲依據之大典本亦成“近刻”矣。

〔46〕世尊：水經河水注引文，大典本、黃本脫“世”字。

〔47〕吾：水經河水注引文，戴本作“我”。

〔48〕此：麗本作“此處”；水經河水注各本引文亦作“此處”。

〔49〕千小兒者：水經河水注引文，大典本、黃本作“言千小兒者”。

〔50〕賢劫千佛：佛教稱不能以通常的年月日時來計算之極長遠的時間曰劫（Kalpa），或譯作大時或長時；過去、現在、未來之諸劫又有成劫、住劫、壞劫、空劫之演變，而現在之住劫中有千佛出世，既多賢聖，故名賢劫（Bhadra－Kalpa）。

〔51〕是也：水經河水注各本引文皆作“也”。以上自“城西北三里……”至此處“……即賢劫千佛是也”凡三百零二字，東本、開本、石本皆缺。又下一句中“於放弓仗塔邊”六字，東本、開本、石本亦缺。上所缺字，他各本皆有之。足立氏書（12 頁、128—132 頁）以爲此三百零八字，既爲東本、開本、石本所未傳，或亦後人所竄加。湯用彤評（足立喜六）考證法顯傳認爲足立氏并未能提出充足之理由，其推論殊難確信也。參看前〔焉夷國〕節注〔4〕。

〔52〕於放弓仗塔邊：東本、開本、石本缺此六字；他各本有之。參看上注〔51〕。麗本此六字下尚有“捨壽佛”三字。

〔53〕般泥洹：石本作“般若泥洹”。

〔54〕魔王嬈固阿難使不得請佛住世:魔王,即魔王波旬,詳見下〔湃沙王舊城〕節注〔22〕。佛教神話傳説,謂釋迦牟尼當時詢問阿難:"如來今者,當壽幾何?"有天魔來迷惑阿難,使不得對,未能及時請留;天魔又請釋迦牟尼受寂滅樂,釋迦牟尼遂許三月爲期,當入涅槃。

〔55〕十事證言佛説如是:佛教傳説,當時毗舍離城有諸比丘,遠離佛法,謬行戒律,其主要者有:得接受金銀寶物之布施、藉口治病而飲酒等十條,以爲是佛曾説過的"十事證言"而遵行之。

〔56〕諸羅漢及持戒律比丘凡夫者有七百僧:東本、開本、石本作"諸羅漢及持戒律凡夫者有七百僧";麗本、院本作"諸羅漢及持律比丘凡有七百僧。""比丘凡夫"係對羅漢而言,"持戒律比丘凡夫"係指持戒律但尚未達羅漢果者而言,"七百僧"乃諸羅漢及持戒律比丘凡夫之人數合計,故此毗舍離結集亦稱七百結集。

〔57〕更檢校律藏:即指七百結集依照戒律,斷"十事"爲非法。大唐西域記卷七所稱"削除謬法,宣明聖教",亦謂此也。

〔58〕亦在:麗本作"亦現在"。

五河合口

從此東行四由延〔1〕,到五河合口〔2〕。阿難從摩竭國〔3〕向毗舍離〔4〕,欲般涅槃〔5〕,諸天〔6〕告阿闍世王〔7〕,阿闍世王〔8〕即自嚴駕,將士衆〔9〕追到河上。毗舍離諸〔10〕梨車聞阿難來,亦復來迎,俱到河上。阿難思惟:"前則阿闍世王致恨,還〔11〕則梨車〔12〕復怨。"則〔13〕於河中央〔14〕入火光三昧〔15〕,燒身而〔16〕般泥洹,分身作二分,一分〔17〕在一岸邊。於是二王各得半身舍利,還歸起塔。

【校注】

〔1〕由延：東本、開本、石本、資本作“由旬”。

〔2〕五河合口：水經河水注引用法顯傳此段關於五河合口之記載，大典本、黃本、戴本、殿本作“五河口”，殿本注云“案近刻河下有合字”，戴蓋未嘗取法顯傳文校看；吳本、朱本、沈本、全本、趙本、楊本作“五河合口”。五河合口即自毗舍離城至摩竭提國巴連弗邑之恒河渡口，附近爲干達克（Gandak）、臘普提（Rāptī）、哥格拉（Gogra）、恒河、宋河（Son）諸大水合流之處，匯成恒河下游而東行，故曰五河合口。

〔3〕摩竭國：即摩竭提國，詳見下節注〔2〕。

〔4〕毗舍離：“離”字，大典本、黃本、吳本、朱本、沈本、全本、楊本均作“離”；趙本、戴本、殿本均作“利”，殿本注云“案舍利原本訛作舍離。”按：此所云“原本”，當指大典本，然此字實應作“離”，（見前〔毗舍離國〕節注〔2〕）。殿本注又舉“舍利”二字爲名稱而割去“毗”字，尤非。

〔5〕般涅槃：石本作“般涅般”；禪本、麗本、院本作“般泥洹”。水經河水注各本引文亦作“般泥洹”。

〔6〕諸天：水經河水注引文，大典本、黃本作“天”。

〔7〕阿闍世王：阿闍世王（AjātaŚatru）即大唐西域記卷九之阿闍多設咄路王，亦稱未生怨王，爲摩竭提國王，其在位年約爲公元前493—462年，相傳佛涅槃當其在位之第八年，參見前〔陀歷國〕節注〔32〕。

〔8〕阿闍世王：磧本、津本、學本無此四字。

〔9〕士衆：石本作“士般”。

〔10〕毗舍離諸：水經河水注引文，大典本、黃本、趙本作“毗舍利諸”；吳本、朱本、沈本、全本、楊本作“毗舍離諸”；戴本、殿本無此四字，殿本於“追至河上”一句下注云“案此句下近刻有毗舍雜諸四字”。戴氏此處所言近刻，亦包括殿本自稱之原本即大典本在內矣，於此可見戴蓋並未參照大典本，故王靜安氏謂“戴校並不據大典本”也。

〔11〕還：水經河水注各本引文作“卻”。

〔12〕梨車：水經河水注引文，大典本、黃本作“梨居”。

〔13〕則：石本無此字；麗本、院本及水經河水注各本引文皆作“即”。

〔14〕河中央：水經河水注各本引文作“中河”。

〔15〕火光三昧：三昧（Samādhi）是佛教用語，意譯定，火光三昧即火光定，謂以神變自出火燄焚燒其身，而達禪定。

〔16〕燒身而：水經河水注引文，吴本、朱本、沈本、全本、趙本、楊本亦作"燒身而"；大典本、黃本、戴本、殿本作"燒具兩"，殿本注云"案具兩近刻訛作身而"，戴出此校注，亦未參看法顯傳原文也。關於阿難分身與二國之佛教神話傳說，大唐西域記卷七吠舍釐國下有類似記述。

〔17〕一分：自"一"字以上鎌本殘缺。自"分"字以下至〔王舍新城、滞沙王舊城〕節耆闍崛山以上鎌本有部分殘缺，即在每行首約殘失三字。

摩竭提國巴連弗邑

度河南下一由延[1]，到摩竭提國巴連弗邑[2]。巴連弗邑是阿育王所治[3]。城中王宫殿皆使鬼神作，累石起墻闕，雕[4]文刻鏤，非世所造。今故現在[5]。

阿育王弟得羅漢道，常住耆闍崛山[6]，志樂閑静。王敬心請[7]於家供養。以樂山静，不肯受請。王語弟言："但受我請，當爲汝於城裏作山[8]。"王乃具[9]飲食，召諸鬼神而告之曰："明日悉受我請，無坐席[10]，各自齎[11]來。"明日[12]諸大鬼神各持[13]大石來，辟方[14]四五步，坐訖，即使[15]鬼神累作大石山。又[16]於山底以五大[17]方石作一[18]石室，可長三丈，廣[19]二丈，高丈[20]餘。

有一大乘婆羅門子，名羅沃私婆迷[21]，住此城裏[22]，爽悟多智，事無不達，以清净[23]自居。國王宗敬師事[24]，若往問訊，不敢並坐。王設以愛[25]敬心執手,執手已,婆羅門輒自灌洗。年可五十餘,舉國瞻仰。賴此一人,弘宣[26]佛法,外道不能得加陵衆僧[27]。

於阿育王塔邊,造摩訶衍僧伽藍[28],甚嚴麗。亦有小乘寺,都合六七百僧衆。威儀庠序可觀。四方高德沙門及[29]學問人,欲求義理,皆詣此寺。婆羅門子師亦名文殊師利[30],國内大德沙門、諸大乘比丘,皆宗仰焉,亦住此僧伽藍。

凡諸中國[31],唯此國城邑爲大[32]。民人富盛,競行[33]仁義。年年常以建卯月[34]八日行像[35]。作四輪車,縛竹作五層[36],有承櫨[37]、偃戟[38],高二疋餘許[39],其狀如塔。又白氎[40]纏[41]上,然後彩畫[42],作諸天形像。以金、銀、琉璃[43]莊校其上,懸繒幡蓋。四邊作龕,皆有坐佛,菩薩立侍[44]。可有二十車,車車莊嚴各異。當此日[45],境内道俗皆集,作倡伎樂,華香供養。婆羅門子來請佛,佛次第入城[46],入城内[47]再宿。通夜然燈,伎樂供養。國國皆爾。其國長者、居士各於城中[48]立福德醫[49]藥舍,凡國中貧窮、孤獨、殘跛、一切病人,皆詣此舍,種種[50]供給。醫[51]師看病隨宜,飲食及湯藥皆令得安,差者自去。

阿育王壞七塔,作八萬四千塔。最初所作大塔在城南三里餘[52]。此塔前有佛脚跡[53],起精舍,户北向塔[54]。塔南[55]有一石柱[56],圍丈四、五[57],高三丈餘[58]。上有銘題,云:"阿育王以閻浮提布施四方僧,還以錢贖，如是三反[59]。"

　　塔北三四百步[60]，阿育王[61]本[62]於此作泥梨城[63]。中央[64]有石柱，亦高三丈餘，上有師子。柱上[65]有銘，記[66]作泥梨城[67]因緣及年數、日月。

【校注】

　　〔1〕由延：水經河水注引用法顯傳此段關於摩竭提國巴連弗邑之記載，大典本、戴本、殿本作"由巡"，殿本注云"案由巡即由旬，書内通用，近刻訛作由延"，戴注語如此，蓋亦未檢法顯傳原書也；黃本、沈本作"曲巡"，沈本注云"曲巡當是由旬或是由延"；吳本、朱本、全本、趙本、楊本作"由延"。

　　〔2〕到摩竭提國巴連弗邑："到"，石本作"致"；"巴"，石本作"也"，下同。"巴連弗邑"，水經河水注引文，大典本、黃本、沈本作"邑連佛邑"；吳本、朱本作"巴連佛邑"；全本、趙本、戴本、殿本、楊本作"巴連弗邑"，殿本注云"案弗近刻作佛"，是又以大典本爲近刻矣。摩竭提國（Magadha）即大唐西域記卷八、卷九之摩揭陀國，爲古印度恒河中游最著名之大國，又爲釋迦牟尼"悟道成佛"及生前重要遊化地，故佛教"聖迹"最多。釋迦牟尼時此國首都本在王舍新城（詳見下〔王舍新城莁沙王舊城〕節注〔1〕）。但阿闍世王生時又在王舍新城以北之恒河重要渡口南岸建立新邑，即巴連弗邑（Pāṭaliputra），地當交通要道，其後在孔雀王朝（Maurya dynasty）建立以前，此城即已成爲摩竭提國之首都。阿育王之祖即孔雀王朝創立者旃陀羅笈多（Chandragupta，約公元前 324—300 年），阿育王之父賓頭沙羅（Bindusāra，約公元前 300—273 年），及阿育王，亦皆建都於此。大唐西域記卷八譯作波吒釐子城，即今印度比哈爾邦之巴特那（Patnā）也。

　　〔3〕治：麗本作"治城"。

　　〔4〕雕：石本、鎌本、禪本、麗本、院本作"彫"；水經河水注引文，大典本、沈本作"彫"。

　　〔5〕今故現在：東本、開本、石本作"今故在"。此法顯所見阿育王諸宮殿之精美也，然二百餘年後玄奘遊印度時，則荒蕪已久，唯存基址矣（見大

89

唐西域記卷八摩揭陀國）。此下有關阿育王弟、城南阿育王塔、佛脚跡、起精舍、阿育王二石柱、作泥犂城等佛教神話傳説，大唐西域記卷八亦有類似記述。

〔6〕耆闍崛山："耆"，石本作"者"。耆闍崛山（Gṛdhrakūṭa）即大唐西域記卷九之姞栗陀羅矩吒山，亦作鷲峯山，在洴沙王舊城（詳見〔王舍新城洴沙王舊城〕節注〔6〕）東北。

〔7〕王敬心請："王"，石本作"主"。"請"，麗本作"欲請"。

〔8〕山：石本無此字。

〔9〕具：鎌本作"具弁"。

〔10〕無坐席：鎌本作"我無坐席"；麗本、院本作"無座席。"

〔11〕賫：磧本、津本、學本、院本作"賷"；麗本作"齎"。

〔12〕明日：石本作"明"。

〔13〕持：麗本作"齎"。

〔14〕辟方：麗本作"壁方"。

〔15〕使：石本無此字。

〔16〕又：石本作"大"。

〔17〕五大：東本、開本、石本作"五丈"。

〔18〕一：磧本、津本、學本無此字。

〔19〕廣：資本作"長"。

〔20〕丈：麗本作"一丈"。

〔21〕羅沃私婆迷：圓本、鎌本、磧本、資本、禪本、津本、學本、院本皆作"羅汰私婆迷"，圓本字音於"汰"字下注"音太"；石本作"羅汰秘婆迷"；麗本作"羅汰私迷"；音義作"羅癹私婆迷"，並注："癹音盤末反"；東本、開本作"羅沃私婆迷"，今據改。水經河水注引文，大典本、黄本、沈本作"羅狀私婆亦名文殊師利"；吴本、朱本、全本、趙本、戴本、殿本、楊本作"羅汰私婆亦名文殊師利"。按：據出三藏記集卷十五智猛法師傳言法顯遊印度後不久，智猛亦至華氏城（即巴連弗邑），遇"大智婆羅門，名羅閲宗，舉族弘法，王所欽重，造純銀塔高三丈，沙門法顯先於其家已得六卷泥洹，及見猛問云：'秦地有大乘學不？'答曰：'悉大乘學。'羅閲驚歎曰：'希有，希有！將非菩薩往化耶！'猛就其家得泥洹梵本一部，又尋得摩訶僧祇律一部及餘經梵本，誓願流通，於是便反。以甲子歲（宋元嘉元年即公元 424 年）發

90

天竺",經涼州歸來。足立氏書(140—141頁)以爲羅沃私婆迷與此羅閱宗爲同一人,其説頗有理。至於羅沃私婆迷一名,得爲梵文 Rājasvāmin 之對音,意爲王所尊者。

〔22〕住此城裏:水經河水注引文,大典本作"住在城裏"。

〔23〕清淨:水經河水注引文,大典本、黃本無此二字。

〔24〕師事:水經河水注各本引文皆作"師事之"。

〔25〕設以愛:石本作"説以受";鎌本作"説以愛"。

〔26〕弘宣:石本作"於宣"。水經河水注引文,大典本、黃本、吳本、朱本、沈本、全本、戴本作"弘宣";趙本、殿本、楊本作"宏宣"。

〔27〕外道不能得加陵衆僧:水經河水注各本引文皆作"外不能陵",朱本注云:"外下疑脱一道字。"

〔28〕阿育王塔邊造摩訶衍僧伽藍:此阿育王塔當即下文在城南三里餘之最初所作大塔;此摩訶衍(Mahāyāna)僧伽藍(大乘寺)當即大唐西域記卷八波吒釐子故城東南之屈屈吒阿濫摩(唐言雞園)僧伽藍。法顯傳言此僧伽藍即在塔邊,然西域記似分塔與僧伽藍爲兩處(塔在故城內而僧伽藍則在故城外),足立氏書(146頁)以爲西域記似有錯誤。

〔29〕及:石本作"乃"。

〔30〕文殊師利:梵文 MañjuŚrī 之音譯。

〔31〕凡諸中國:水經河水注引文,大典本、黃本、吳本、朱本、沈本、全本、趙本、楊本皆作"凡諸中國";唯戴本、殿本作"凡諸國中",殿本並注云:"案原本(當指大典本)及近刻竝訛作中國,今改正。"楊本注云:"按佛國記作中國。中天竺所謂中國,蓋中天竺之國稱中國者甚多,故言凡諸中國也。戴乙作國中,誤矣。"此亦戴氏不熟釋典,未檢閱法顯傳之一例也。

〔32〕唯此國城邑爲大:水經河水注各本引文皆作"惟此城爲大"。按:法顯傳言"此國城邑",蓋指摩竭提國境內諸城邑,河水注言"此城",則但指巴連弗邑矣,其間含意略有出入。

〔33〕競行:石本、鎌本作"竸行"。

〔34〕常以建卯月:石本作"當以達迎月"。唐不空譯文殊師利菩薩及諸仙所説吉凶時日善惡宿曜經卷上揚景風注曰:"大唐以建寅爲歲初,天竺以建卯爲歲首,……呼建卯爲角月。"又於"角月"下注曰:"唐之二月也。"

〔35〕行像:石本作“行僧”。

〔36〕層:石本、鎌本作“曾”。

〔37〕承櫨:麗本作“承擄”。“櫨”即斗栱,因其爲一種支承構件,故稱承櫨。

〔38〕搋戟:“搋”,圓本、東本、開本、資本、禪本、院本作“偃”;石本作“擾”;麗本作“椻”;磧本、圓本字音、東本字音、開本字音、資本字音、磧本字音、禪本字音皆作“搋”,今據改。“搋”是拔出的意思,“戟”有枝格的意思,“搋戟”乃一種帶叉牙的支柱。

〔39〕二疋餘許:圓本、磧本、資本、麗本、津本、學本作“二丈餘許”;東本、開本作“二由延許”;麗本、院本作“二丈許”;石本、鎌本作“二匹許”;音義於此有“二匹”一條,引説文,四丈也;又云:“(法顯)傳作疋,俗字也。”慧琳所見唐本當作“二疋餘許”(或“二疋許”),今據改。

〔40〕白氈:石本、鎌本作“白繫”。“白氈”即棉布也,參見前〔竭叉國〕節注〔12〕。

〔41〕纏:東本、開本作“障”;石本、鎌本作“鄣”。

〔42〕畫:石本作“盡”。

〔43〕琉璃:石木、鎌本作“流離”。

〔44〕菩薩立侍:禪本作“菩薩車上立侍”。

〔45〕日:石本作“因”。

〔46〕入城:石本作“入城内”。

〔47〕入城内:石本作“入城”。

〔48〕城中:麗本作“城内”。

〔49〕醫:石本作“監”;鎌本、院本作“豎”。

〔50〕種種:石本作“種”。

〔51〕豎:磧本、麗本、津本、學本作“醫”。

〔52〕三里餘:水經河水注引文,大典本、黃本、沈本、戴本、殿本作“二里餘”,沈本注“二,一作三”,殿本注“案二近刻作三”,戴氏蓋亦未檢對法顯傳也;吳本、朱本、全本、趙本、楊本作“三里餘”,朱本注“三,一作二”,楊本注“佛國記作三”。

〔53〕佛脚跡:麗本作“佛跡”。水經河水注各本引文亦作“佛跡”。

〔54〕起精舍户北向塔:此精舍即摩訶僧祇律私記所稱阿育王塔南天

王精舍,見後。"户北向塔",石本、鎌本作"户北向塔開";水經河水注引文,大典本、黃本、戴本、殿本作"北户向塔",殿本注"案北户近刻作户北",戴氏蓋亦未檢對法顯傳;吳本、朱本、沈本、全本、趙本、楊本作"户北向塔",楊本注"佛國記作户北"。

〔55〕塔南:東本、開本、麗本作"南"。水經河水注引文,大典本、黃本作"南";吳本、朱本、沈本、全本、趙本、戴本、殿本、楊本均作"塔南"。

〔56〕有一石柱:大唐西域記卷八亦記此石柱銘題,云:"有大石柱,高三十餘尺,書記殘缺,其大略曰:'無憂王信根貞固,三以贍部洲施佛、法、僧,三以諸珍寶重自酬贖。'其辭云云,大略斯在。"

〔57〕圍丈四五:水經河水注引文,大典本、黃本、沈本、戴本、殿本作"大四五圍",殿本注"案此四字近刻訛作圍丈四五",戴氏蓋亦未檢對法顯傳;吳本、朱本、全本、趙本、楊本皆作"圍丈四五",楊本注"佛國記作圍丈四五"。

〔58〕高三丈餘:石本作"高三尺餘"。

〔59〕還以錢贖如是三反:水經河水注引文,大典本、黃本、吳本、朱本、沈本作"還以錢贖",蓋酈注於此略去"如是三反"四字也;全本、趙本、戴本、殿本、楊本作"還以錢贖塔"。夫阿育王所贖者,閻浮提洲也,酈注本不誤,全、趙、戴、楊增"塔"字則誤矣。殿本且加注云"案近刻脱一塔字",不知戴所稱爲原本之大典本原無"塔"字,此亦戴從全、趙致誤而非出大典本之一例也。

〔60〕三四百步:水經河水注引文,大典本、黃本、殿本作"三百步";吳本、朱本、沈本、全本、趙本、戴本、楊本作"三四百步"。

〔61〕阿育王:水經河水注引文,大典本少"育"字。

〔62〕本:水經河水注各本引文無此字。

〔63〕泥梨城:圓本、磧本、津本、學本、院本作"泥犁城";東本、開本、麗本作"泥梨城",今據改。水經河水注引文,大典本、黃本作"泥梨城";吳本、朱本、全本、殿本、楊本作"泥犁城";沈本、趙本、戴本作"泥犂城"。泥梨或泥犁爲梵語 Niraya 之音譯,即地獄。阿育王作地獄之傳説詳見下文。

〔64〕中央:麗本作"泥梨城中";院本作"中"。水經河水注引文,大典本、黃本作"梨城中";吳本、朱本、全本、趙本作"中";沈本作"泥犁城中";戴本、殿本、楊本作"城中",殿本注云"案近刻脱一城字"。

93

〔65〕柱上：水經河水注各本引文皆作“柱”。

〔66〕記：水經河水注引文，大典本、黃本、沈本作“記曰”，沈本注云“曰字衍”。

〔67〕泥梨城：津本、學本、院本作“泥犁城”。水經河水注引文，大典本、黃本作“泥梨城”；吳本、朱本、全本、戴本、殿本作“泥犁城”；沈本、趙本、楊本作“泥犁城”。

小孤石山　那羅聚落

從此東南行九由延，至一小孤石山〔1〕。山頭〔2〕有石室，石室〔3〕南向。佛坐其中〔4〕，天帝釋將天樂般遮〔5〕彈琴樂佛處。帝釋〔6〕以四十二事問佛〔7〕，佛一一以指畫石，畫跡故在〔8〕。此中亦有僧伽藍。

從此西南行一由延，到那羅聚落〔9〕，是舍利弗本生村。舍利弗〔10〕還於此村中〔11〕般泥洹。即此處起塔，今亦〔12〕現在。

【校注】

〔1〕從此東南行九由延至一小孤石山：水經河水注引用法顯傳此段關於小孤石山之記載，曾將此句改寫，大典本、黃本作“恒水東又南逕小孤石山”；沈本作“恒水東又東南逕小孤石山”；吳本、朱本、全本、趙本、戴本、殿本、楊本作“恒水又東南逕小孤石山”。此小孤石山即大唐西域記卷九之因陀羅勢羅窶訶山（Indraśailaguhā）即帝釋窟。皮氏書（110頁注〔2〕）云，其地今名 Giryek（giri + eka，即“一座巖石”之意）。理氏書（80頁注〔4〕）云，此山即在Giryek 村旁，瀕Pañchāna 河，距伽耶（Gayā）三十六哩。天帝釋以四十二事問之神話傳説，亦見西域記卷九。

〔2〕山頭：水經河水注引文，大典本、黃本無“山”字。

94

〔3〕石室:水經河水注引文,戴本無此二字。

〔4〕佛坐其中:水經河水注引文,大典本、黃本作"佛昔坐中";吳本、朱本、沈本、全本、趙本、戴本、殿本、楊本作"佛昔坐其中"。

〔5〕般遮:般遮爲梵文 Pañcha 之音譯,樂神名。理氏書(80—81頁)將此樂神之梵名還原爲 Pañcha—sikha。

〔6〕帝釋:水經河水注各本引文皆作"天帝釋"。

〔7〕問佛:"問",石本作"門"。

〔8〕佛──以指畫石畫跡故在:法顯傳各本皆無"佛"字。"畫跡故在",鎌本作"跡故在也"。水經河水注引文,大典本、黃本、沈本作"佛以三指畫跡故在";吳本、朱本、趙本作"──以指畫石畫跡故在"。趙本注云"一清按,孫氏潛用趙清常三校本旁注'佛以三指畫石',愚意古書凡重文皆作二,此句之首,應有佛字,與上佛字重,後人傳鈔,遂析爲一一,趙本'三'字疑亦妄增爾"(按:依趙一清注,認爲此文之"一一"二字即上句末"佛"字之重文,此文原當作"佛以指畫石,畫跡故在")。全本作"佛以三指畫石畫迹故在";戴本、殿本、楊本作"佛一一以指畫石畫跡故在",楊本注"守敬按,括地志正作佛一一以指畫石,佛國記亦脫佛字"。今據此於句首增一"佛"字。

〔9〕那羅聚落:鎌本作"羅聚落"。大唐西域記卷九記因陀羅勢羅窶訶山西三十餘里外,有迦羅臂拏迦邑(Kālapināka),爲舍利弗本生故里,又爲其寂滅地。那羅聚落與此邑蓋即一地。

〔10〕本生村舍利弗:石本、鎌本缺此六字。

〔11〕此村中:麗本作"此中"。

〔12〕亦:麗本無此字。

王舍新城　莽沙王舊城

從此西行一由延,到王舍新城〔1〕。新城者,是阿闍世王所造〔2〕,中有二僧伽藍。出城西門三百步,阿闍世王得佛一分舍利起塔〔3〕,高大嚴麗〔4〕。

出城南四里，南向入谷，至五山[5]裏。五山周圍，狀若城郭，即是荓沙王舊城[6]。城東西可五六里，南北七八里。舍利弗、目連初見頰鞞[7]處，尼犍子[8]作火坑、毒飯請佛處[9]，阿闍世王酒飲黑象[10]欲害佛處，城東北角曲中，耆舊[11]於菴婆羅園[12]中起精舍請佛及千二百五十弟子供養處，今故在。其城中空荒，無人住[13]。

入谷，搏山[14]東南上十五里，到耆闍崛山[15]。未至頭[16]三里，有石窟南向，佛本於此坐禪[17]。西北三十[18]步，復有一石窟[19]，阿難於中坐禪[20]，天魔[21]波旬[22]化作鵰鷲，住窟前恐阿難，佛以神足力[23]隔石舒手[24]摩阿難肩，怖即得止[25]。鳥跡、手孔[26]今悉存[27]，故曰鵰[28]鷲窟山。窟前有四佛坐處。又諸羅漢各各[29]有石窟坐禪處，動有數百。佛在石室前，東西經行。調達於山北嶮巇[30]間橫擲石傷佛足指處，石猶在。佛說法堂[31]已毀壞，止[32]有塼壁基在[33]。其山[34]峯秀端嚴，是五山中最高[35]。

法顯於新城中買香、華、油、燈，倩[36]二舊比丘送法顯上[37]耆闍崛山。華、香供養[38]，然燈續明。慨然悲傷，收淚而言：“佛昔於此住[39]，說首楞嚴[40]。法顯生不值佛，但見遺跡處所而已。”即於石窟前誦首楞嚴[41]。停止一宿，還向新城。

出舊城北行[42]三百餘步，道西，迦蘭陀竹園[43]精

96

舍今現在，衆僧掃灑。精舍北二三里有尸摩賒那[44]。尸摩賒那者，漢言棄[45]死人墓田。搏[46]南山西行三百步，有一石室，名賓波羅窟[47]，佛食後常於此坐禪[48]。又西行五六里，山北陰中有一[49]石室，名車帝[50]。佛泥洹後，五百阿羅漢結集經處[51]。出經時，鋪三空座[52]，莊嚴校餝[53]，舍利弗在左，目連在右。五百數中少一阿羅漢。大迦葉爲上座。時阿難在門外不得入[54]。其處起塔，今亦在。搏[55]山亦有諸羅漢坐禪石窟甚多。

出舊城北，東下三里，有調達石窟。離此五十步，有大方黑石。昔有比丘在上經行，思惟是身無常、苦、空，得不净觀[56]，猒[57]患是身，即捉刀欲自殺。復念世尊制戒，不得自殺。又念雖爾，我今但欲殺三毒賊[58]。便以刀自刎。始傷，再[59]得須陀洹[60]，既半得阿那含[61]，斷已成阿羅漢[62]果，般泥洹。

【校注】

〔1〕從此西行一由延到王舍新城：水經河水注於叙述小孤石山後引用法顯傳此段關於王舍新城一帶地方之記載，將此首句改寫成：“恒水又西逕王舍新城”（大典本、黄本、吴本、朱本“恒”字誤作“洹”，朱本注云“疑當作恒”）。按：恒水東流，無西流者。楊守敬注以爲：“酈氏正因佛國記言西行，即以爲恒水西逕，其致誤之由，蓋未見西域圖，而但據書爲説也。”王舍新城即大唐西域記卷九之曷羅闍姞利呬城（Rājagṛiha），即王舍城，加“新”字所以别於下述凇沙王舊城。據西域記，此新城在凇沙王時即已奠基，阿闍世王時乃增築並遷都耳。此城故址在今印度東北部比哈爾城（Bihar）西

南約十五哩之臘季吉爾(Rājgir)。

〔2〕所造:水經河水注引文,大典本、黄本作"造"。

〔3〕得佛一分舍利起塔:大唐西域記卷九亦載此塔,但謂其位置在迦蘭陀竹園東,此園則在萍沙王舊城北一里餘。迦蘭陀竹園見下注〔43〕。

〔4〕嚴麗:石本作"藏麗"。

〔5〕五山:五山謂萍沙王舊城附近諸山也。大唐西域記卷九亦言此城"崇山四周,以爲外郭"。據大智度論卷三(大正藏本,曾以毗盧大藏本校字)云:"(佛)多住王舍城,……以坐禪精舍多故,餘處無有。如竹園(Venuvana)、鞞婆羅跋恕(Vaibhāravana)、薩多般那求呵(Saptaparṇaguhā)、因陀世羅求呵(Indraśailaguhā)、薩簸恕魂直迦鉢婆羅(Sarpiṣkuṇḍikāpāvara)、耆闍崛(Gṛidhrakūṭa),五山中有五精舍,竹園在平地,餘國無此多精舍。"據足立氏書(151—152頁),鞞婆羅跋恕即大唐西域記之毗布羅山,今爲Vaibhāragiri,在王舍舊城西北;薩多般那求呵即著名之七葉窟,今爲Sonagiri,在舊城西南南山之陰;因陀世羅求呵即前文小孤石山(帝釋窟),今爲Sailagiri山東端之孤峯 Giryek,在舊城東方;薩簸恕魂直迦鉢婆羅今爲Viplagiri,在舊城東北;耆闍崛即大唐西域記之姞栗陀羅矩吒山(鷲山),今爲 Chatagiri(或 Vulturepeak),在舊城略東偏北。又據皮氏書(112頁注〔1〕云:在古印度大史詩摩訶婆羅多(Mahābhārata)中,此五山的名稱是:Vaihârā, Varâha, Vrishabha, Rishigiri, 及 Ghaityaka, 今名爲 Baibhrâ—giri, Vipula—giri, Ratna—giri, Udaya—giri, 及 Sona—giri。又據勞氏書(44頁)載,此環繞王舍城的五山名稱是:Isigiri, Vepulla(Vaṅkaka and Supana), Vebhāra, Paṇḍava, 及 Gijjhakūṭa。附録於此備覽。

〔6〕萍沙王舊城:"萍"字,石本作"洴";鎌本作"萍";水經河水注引文,大典本、黄本、沈本作"萍";吴本、朱本作"萍";全本作"瓶",並注云"按瓶沙疑即萍沙";趙本、戴本、殿本、楊本作"萍",殿本注云"案瓶沙、萍沙互相通用"。此亦可見戴氏本從全、趙而非出自大典本。萍沙王(Bimbisāra)即大唐西域記卷九之頻毗娑羅王,爲摩竭提國王,阿闍世王之父,其在位年約爲公元前544—493年,參見前〔陀歷國〕節注〔32〕。萍沙王舊城,即大唐西域記卷九之矩奢揭羅補羅城(Kuśāgrapura),亦作上茅宫城,蓋其地"多出勝上吉祥香茅,以故謂之上茅城也"。附近多山,故又名山城(Girivraja)。此城爲摩竭提國古都,巴利文經籍中亦稱之爲王舍城

98

(Rājagaha,Rājagṛiha)，或稱王舍舊城以別於阿闍世王所遷都之王舍新城。王舍舊城與王舍新城爲古印度東北部之交通及文化中心，經濟發達，商業繁盛。舊城位置，在新城以南，法顯傳及大唐西域記所載甚詳，可以考見。此下關於舍利弗初見頰鞞、火坑、毒飯、醉象害佛、耆舊起精舍奉佛等佛教神話傳説，大唐西域記卷九亦有類似記述。

〔7〕頰鞞：東本、閩本作“頗鞞”。頰鞞(Aśvajit)即大唐西域記卷九之阿溼婆恃(馬勝)。佛教相傳，阿溼婆恃先師事釋迦牟尼，舍利弗於王舍舊城見之，聞其説法而開悟，又告之目連，亦開悟共得道。

〔8〕尼犍子：“犍”，石本、鎌本作“健”。尼犍子(Nirgrantha)即尼乾子(詳見〔拘薩羅國舍衛城〕節注〔42〕)派之露形外道。大唐西域記卷九載此欲以火坑、毒飯害佛之尼犍子名室利毱多(Śrīgupta)，後仍受佛感化，謝咎歸依。

〔9〕請佛處：石本作“請處”。

〔10〕酒飲黑象：石本作“須飲里”三字。鎌本“象”作“鱼”。佛教神話傳説，謂阿闍世王曾與調達相親，放醉象欲害佛，但爲佛所馴伏。

〔11〕耆舊：耆舊即大唐西域記卷九之時縛迦(Jīvaka)，亦作耆婆伽，乃當時摩竭提國王族之庶子，爲著名醫師。

〔12〕菴婆羅園：“園”字，石本作“國”。菴婆羅(Āmra)，即杧果(Mangifera Indica)。玄應一切經音義卷八：“菴羅，或言菴婆羅，果名也。案此果花多，而結子甚少，其葉似柳而長一尺餘，廣三指許，果形似梨，而底鈎曲。彼國名爲王樹，謂在王城種之也。……舊譯云柰，應誤也。”增壹阿含經卷三十九即稱此園爲耆婆伽梨園。

〔13〕其城中空荒無人住：水經河水注各本引文皆作“其城空荒又無人徑”。

〔14〕搏山：“搏”字，圓本、東本、閩本及圓本字音作“搏”，圓本字音注“音團”；石本作“轉”；磧本、磧本字音、禪本、麗本、津本、學本、院本作“搏”，磧本字音注“補莫反，附近也”；音義亦作“搏”，注“奔莫反”，蓋所見唐本作“搏”也，今據改。又此字在水經河水注引文中，大典本作“愽”；黄本作“博”；吴本、沈本作“搏”；朱本作“搏”；全本、趙本始作“傅”，趙氏刊誤云“搏當作傅”，戴本、殿本、楊本皆作“傅”，殿本注“案傅近刻訛作搏”。

此亦戴氏從全、趙而不出大典本之一例。如殿本案語以"搏"爲訛，又蹈以不訛爲訛之覆轍，蓋搏、傅古音同義通，且依音義，唐本法顯傳此字本作"搏"也。

〔15〕耆闍崛山：已見前〔摩竭提國巴連弗邑〕節注〔6〕。自"耆"字以下，鎌本基本不殘缺。此下關於佛坐禪石窟、魔化鵰鷲怖阿難、諸羅漢石窟、調達擲石、佛説法堂等神話傳説，大唐西域記卷九有類似記述。

〔16〕頭：水經河水注各本引文皆作"頂"。

〔17〕佛本於此坐禪：水經河水注各本引文皆作"佛坐禪處"。

〔18〕三十："三"字，水經河水注引文，大典本、黃本、沈本、戴本、殿本作"四"，殿本注"案四近刻作三"；吳本、朱本、全本、趙本、楊本作"三"，朱本注"一作四"，楊本注"會貞按：佛國記作三"。

〔19〕石窟：石本作"名窟"。

〔20〕阿難於中坐禪：水經河水注各本引文皆作"阿難坐禪處"。

〔21〕天魔：水經河水注引文，黃本、吳本、朱本、沈本、全本、趙本、戴本皆作"天魔"；獨大典本、殿本作"夭魔"，殿本注"案夭妖通，近刻訛作天"。然據王國維聚珍本戴校水經注跋（載觀堂集林卷十二），則大典本此字本作"天"，乃戴東原私改作"夭"，其言曰："天魔波旬，大典與諸本同，（東原）乃改天字首筆作夭，以實其校語中夭妖字通之説。"楊本注："戴以天爲訛改作夭，云夭妖通。會貞按：戴説大誤。諸經皆作天魔，無作夭魔者。"

〔22〕波旬：波旬（Piśuna），天魔名。

〔23〕神足力：鎌本作"禪足力"；水經河水注各本引文皆作"神力"。

〔24〕舒手：水經河水注引文，大典本、黃本無此二字。

〔25〕怖即得止：水經河水注引文，大典本、黃本、沈本作"怖心"，沈本注"下脱即得止三字"；吳本、朱本、全本、趙本、戴本、殿本、楊本均作"怖即得止"。

〔26〕鳥跡手孔：水經河水注引文，大典本、黃本、沈本作"鳥跡及孔"，沈本"及"字下注"疑譌，當是手字"。

〔27〕存：麗本作"在"。

〔28〕鵰：東本作"彫"。

〔29〕各各：鎌本作"冬冬"。

〔30〕嶮巇：圓本、東本、開本作"嶮嘘"；石本、鎌本、磧本、麗本、津本、

100

學本、院本作"嶮巇",今據改。音義作"險巇",注以爲"上一字"應作
"險",云:"傳作嶮,非也。……王逸注楚辭云,險巇,猶顛危也。"則音義所
見唐本亦作"嶮巇"也。

〔31〕堂:石本作"常"。

〔32〕止:東本、開本、石本、鎌本作"正"。

〔33〕在:鎌本無此字。

〔34〕其山:鎌本作"某山"。

〔35〕是五山中最高:水經河水注各本作"是五山之最高也"。

〔36〕倩:鎌本作"請"。

〔37〕上:麗本作"到"。

〔38〕華香供養:水經河水注引文,大典本、黃本、沈本、全本作"香花供
養";吳本、朱本、趙本、戴本、殿本、楊本作"香華供養"。

〔39〕住:麗本無此字。

〔40〕首楞嚴:鎌本作"首楞嚴經"。首楞嚴(Śūraṅgama),佛教經名。
意譯健相,比擬佛德堅固,諸魔不能壞。

〔41〕誦首楞嚴:石本作"請首楞嚴"。水經河水注引文,大典本、黃本
作"首楞亭";吳本、朱本、沈本、全本、趙本、戴本、殿本、楊本作"誦首楞
嚴",朱本注:據舊本此下"有一亭字"。

〔42〕出舊城北行:東本、開本、石本作"出舊北谷";鎌本作"出舊城北
谷";磧本作"出舊城此行"。

〔43〕迦蘭陀竹園:大唐西域記卷九亦載有關此園傳說,謂王舍舊城有
長者名迦蘭陀(Kalanda),曾以大竹園施諸外道,後改信佛法,逐外道,以園
奉佛,即稱迦蘭陀竹園(Kalanda – veṇuvana)。

〔44〕尸摩賒那:"摩",鎌本作"磨"。尸摩賒那乃梵文Śmaśānam之音
譯。

〔45〕棄:鎌本作"乘"。

〔46〕搏:圓本、東本、開本作"搏";石本、鎌本作"轉";磧本、麗本、津
本、學本、院本作"搏",今據改。參見本節注〔14〕。

〔47〕賓波羅窟:"窟",石本作"賨"。賓波羅(Pippala 或 Peepal),即畢
鉢羅樹或卑鉢羅樹,樹身高大而長命,類似榕樹而無支根,即"印度菩提

101

樹"(Sacred fig of India,Ficus religiosa)。此處之賓波羅乃石窟名,或因窟前有此樹故。大唐西域記卷九,記山城(即菥沙王舊城)北門西有毘布羅山,山西南崖陰有温泉,温泉西有卑鉢羅石室。此卑鉢羅石室當即是賓波羅窟。本傳下文言佛泥洹後五百阿羅漢結集經處在車帝石室,但有若干佛教經籍如根本説一切有部毘奈耶雜事卷三十九等,又謂此第一結集處即在賓波羅窟,蓋車帝石室與賓波羅窟地本相連故也。

〔48〕坐禪:東本、開本、石本作"禪"。

〔49〕有一:石本作"有有",但又塗去上一"有"字。

〔50〕車帝:梵文 Saptaparṇaguhā 音譯之略,即七葉窟。

〔51〕五百阿羅漢結集經:此即佛教史上有名之第一結集。關於此結集及以下阿難在門外不得入、調達石窟、比丘自刎諸佛教神話傳説,大唐西域記卷九亦有類似記述。

〔52〕鋪三空座:東本、開本、石本、鐮本作"鋪三空坐";麗本作"鋪三高座"。舍利弗、目連爲釋迦牟尼大弟子,皆已先釋迦牟尼而泥洹,故第一結集時大迦葉鋪三空座,釋迦牟尼中央,左舍利弗,右目連,次大迦葉居上座,再次諸羅漢焉。

〔53〕餝:磧本、麗本、院本作"飾";津本、學本作"飭"。

〔54〕阿難在門外不得入:"在門外"三字,東本、開本、石本作"在門"。佛教相傳,大迦葉以阿難之漏未盡,尚未完全解脱煩惱,不許其參加諸羅漢之座。阿難退去,未及伏枕,竟達漏盡,遂得參加結集,而得五百阿羅漢之數。

〔55〕搏:同本節注〔46〕。

〔56〕不淨觀:"淨",石本作"得"。觀想人身從生到死種種不淨,以除欲念,爲佛教一種唯心幻想的修行方法。

〔57〕猒:麗本、津本、學本、院本作"厭"。

〔58〕三毒賊:佛教以貪毒(貪得不已)、瞋毒(忿怒)、痴毒(無知)爲三毒,以爲毒中之毒,無過三毒。

〔59〕再:石本作"舟";鐮本作"肥";麗本作"肉"。若依麗本,此句應讀作"始傷肉得須陀洹"。

〔60〕須陀洹:見〔迦維羅衛城〕節注〔22〕。

〔61〕阿那含:同上。

〔62〕阿羅漢果:同上。

伽耶城　貝多樹下

從此西行四由延,到伽耶城〔1〕,城內亦空荒。

復南行二十里〔2〕,到菩薩本苦行六年處,處有林木〔3〕。從此西行〔4〕三里,到佛入水洗浴,天〔5〕按〔6〕樹枝得攀〔7〕出池處。又北行二里,得彌家女奉佛乳糜處〔8〕。從此北行〔9〕二里,佛於一〔10〕大樹下石上,東向坐食糜〔11〕,樹、石今悉在,石可廣、長六尺,高二尺許〔12〕。中國〔13〕寒暑〔14〕均調,樹木或〔15〕數千歲,乃至萬歲。

從此東北行半由延〔16〕,到一〔17〕石窟。菩薩入中,西向結跏趺坐〔18〕,心念:"若我成道,當有神〔19〕驗"。石壁上即有佛影現〔20〕,長三尺許〔21〕,今猶明亮〔22〕。時天地大動,諸天在空中白言:"此非〔23〕過去、當來諸佛成道處〔24〕,去此西南行,減〔25〕半由延〔26〕,貝多樹〔27〕下,是過去、當來諸佛成道處。"諸天說是語已,即便在前唱導,導引〔28〕而去。菩薩起行〔29〕。離樹三十步,天授吉祥草〔30〕,菩薩受之。復行十五步,五百青雀飛來,繞菩薩〔31〕三帀而去〔32〕。

菩薩前到貝〔33〕多樹下,敷吉祥草,東向而坐〔34〕。時魔王〔35〕遣三玉女從北來試〔36〕,魔王〔37〕自從南來試〔38〕，菩薩以足指按地〔39〕，魔兵〔40〕退散〔41〕，三女變老〔42〕。自上苦行〔43〕六年處，及此諸處，後人皆於中起塔立像，今皆在。佛成道已，七日觀樹受解脫樂處。佛於貝多樹下東西經行七日處。諸天化作七寶臺〔44〕供養佛七日處。文鱗盲龍〔45〕七日繞佛處。佛於尼拘律樹〔46〕下方石上東向坐，梵天來請佛處〔47〕。四天王奉鉢處〔48〕。五百賈客授麨蜜處〔49〕。度迦葉兄弟師徒千人處〔50〕。此諸處亦〔51〕起塔。佛得道處有三僧伽藍，皆有僧住。眾僧民戶供給饒足，無所乏少。戒律嚴峻，威儀、坐起、入眾之法〔52〕，佛在世時聖眾所行，以至於今。

佛泥洹以來，四大塔處相承不絕。四大塔者〔53〕：佛生處〔54〕，得道處，轉法輪〔55〕處，般泥洹處。

阿育王昔作〔56〕小兒時，當道戲。遇釋迦佛〔57〕行乞食，小兒歡喜〔58〕，即以一抔土〔59〕施佛。佛持還，泥經行地〔60〕。因此〔61〕果報，作鐵輪王〔62〕，王閻浮提〔63〕。乘鐵輪案〔64〕行閻浮提，見鐵圍兩山〔65〕間地獄治罪人。即問羣臣：“此是何等？”答言：“是鬼王閻羅〔66〕治罪人。”王自念言：“鬼王尚能作地獄治罪人〔67〕，我是人主〔68〕，何不作地獄治罪人耶？”即問臣等：“誰能爲我作地獄主〔69〕治罪人者？”臣答言：“唯有極惡人能作耳。”王即遣臣遍求惡人。見池水〔70〕邊有一人〔71〕，長壯〔72〕、黑色、髮黃、眼青〔73〕，以腳鉤兼魚〔74〕，口呼〔75〕禽獸，禽獸來便射殺，無得脱者。得此人已，將來與王。王密勑之："汝作四方高墙，内殖種種華果，作好浴池〔76〕，莊嚴校餝〔77〕，令人渴仰。牢作〔78〕門户，有人入者輒捉〔79〕，種種治罪，莫使得出。設〔80〕使我入，亦治罪莫放。今拜汝作地獄王〔81〕。"有〔82〕比丘，次第乞食入其門〔83〕。獄卒見之，便欲治罪。比丘惶怖，求請須臾，聽我中食。俄頃，復〔84〕有人入，獄卒内置碓臼中擣之，赤沫出。比丘見已，思惟此身無常、苦、空，如泡如沫，即得阿羅漢〔85〕。既而獄卒捉内鑊湯中〔86〕，比丘心顔欣悦，火滅，湯冷，中生蓮華，比丘坐上。獄卒〔87〕即往白王，獄中〔88〕奇怪，願王〔89〕往看。王言："我前有要，今不敢往。"獄卒言："此非小事，王宜疾往。"更改先要，王即隨入。比丘爲説法〔90〕，王得信解，即壞地獄，悔前所作衆惡。由是信重〔91〕三寶，常至貝多樹下，悔過自責，受八齋〔92〕。王夫人問："王常遊何處？"羣臣答言："恒在貝多樹下。"夫人伺王不在時，遣人伐其樹倒〔93〕。王來見之，迷悶躃地。諸臣以水灑面，良久乃蘇。王即以塼〔94〕累四邊，以百甖牛乳灌樹根。身四布地〔95〕，作是誓言："若樹不生，我終不起。"誓已〔96〕，樹便即根上而生，以至於今。今高減十丈〔97〕。

105

【校注】

〔1〕從此西行四由延到伽耶城:水經河水注引用法顯傳此段關於伽耶城之記載,首句改寫作"又西逕伽耶城",乃承其前文"恒水又西逕王舍新城"而來,則應解釋爲恒水先向西流逕王舍新城,再向西流逕伽耶城矣,此與實際情況大相違異,酈氏之誤也。伽耶城,大典本作"迦邪城";黃本、全本作"伽那城";吳本、朱本、楊本作"伽耶城",朱本注"耶一作那";沈本作"迦耶城",注"耶一作那";趙本、戴本、殿本作"迦那城"。作"邪"、"耶"者是。又,"城"字應斷句,趙本以下一字"南"連上斷句,及全本、殿本以下四字"南二(戴作三)十里"連上斷句,亦誤。伽耶城(Gayā)在今印度比哈爾邦之伽雅城(Gaya)。城南十一公里之佛陀伽雅(Buddha Gayā),一稱菩提道場(Bodhi‐maṇḍa),相傳即釋迦牟尼成道之處所,爲佛教之聖地。關於伽耶城及以下苦行六年處、攀樹枝處、彌家女奉乳糜處、石窟地動、佛在貝多樹下退魔成道、諸天作七寶臺供養、文鱗七日繞佛、梵天來請佛、四天王奉鉢、賈客獻麨蜜、度伽葉兄弟千人處等佛教神話傳説,大唐西域記卷八亦有類似記述。

〔2〕二十里:水經河水注引文,大典本、黃本、沈本、戴本、殿本作"三十里";吳本、朱本、全本、趙本、楊本作"二十里"。殿本注"案近刻迦作伽,三作二",戴蓋未查對法顯傳,今所見北宋本以下諸本傳文皆作"伽"作"二"也。

〔3〕到菩薩本苦行六年處處有林木:水經河水注引文,大典本、黃本、沈本作"到佛苦行六年其樹處有林",沈本注"其一作坐,林下脱木字";吳本、朱本作"到佛苦行六年其樹處有林木",朱本注"其一作坐";全本作"到佛苦行六年樹處有林木",並注"按六年下一本有其字,一本有坐字,而佛國記又脱去樹字,皆失之";趙本、戴本、殿本、楊本作"到佛苦行六年坐樹處有林木"。傳文此句之"菩薩",即指釋迦牟尼,下同。關於苦行六年處,相傳釋迦牟尼出家後尋求解脱之道,其父遣宗親五人即憍陳如(Kauṇḍinya)等爲侍,後經種種曲折,乃至此處即伽耶城南二十里之尼連禪(Nairañjanā)河畔修苦行六年,形容憔悴,膚體羸瘠,而無所獲,乃放棄苦行。憍陳如等五人以爲釋迦牟尼信行退轉,遂捨之而去波羅㮈城。然釋迦牟尼卒在貝多樹下成正等覺。

106

〔4〕西行:水經河水注引文,大典本、黃本作"西"。

〔5〕天:水經河水注各本引文皆作"天王"。

〔6〕按:鎌本作"業"。

〔7〕攀:鎌本作"拳"。水經河水注引文,大典本、黃本、戴本、殿本作"扳";吳本、朱本、沈本、全本、趙本、楊本作"攀"。

〔8〕彌家女奉佛乳糜處:"乳糜",音義作"乳麋",注云:"下美悲反,即以牛乳煮粥也,稠如糕麋,俗號乳糜,非典語。"又水經河水注引文,大典本、黃本作"乳糜";吳本、朱本、沈本、全本、趙本、戴本、殿本、楊本作"乳糜"。"彌家",大寶積經卷十一作"彌迦",蓋爲梵文 grāmika 音譯之略,義爲"村長"。據柔克義(W. W. Rockhill)所著釋迦牟尼傳(The Life of the Buddha,30 頁)載,奉佛乳糜女子之父爲斯那尼村(Senani)村長斯那(Sena)。彌家女意即村長之女也。

〔9〕北行:水經河水注引文,大典本、黃本、沈本作"行"。

〔10〕一:沈本無此字。

〔11〕食糜:水經河水注引文,大典本、黃本作"食糜處";吳本、朱本、沈本、全本、趙本、戴本、殿本、楊本作"食麋處"。

〔12〕高二尺許:水經河水注各本引文皆作"高減二尺"。

〔13〕中國:水經河水注各本引文皆作"國中"。

〔14〕寒暑:東本、開本、石本作"寒景";水經河水注各本引文皆作"寒暑"。

〔15〕或:石本作"成"。

〔16〕半由延:"延",石本作"正"。水經河水注各本引文此三字皆作"二十里"。

〔17〕一:石本無此字。

〔18〕結跏趺坐:"跏趺",水經河水注引文,大典本、黃本作"迦"。結跏趺坐乃佛教的一種靜坐法,即雙足交迭而坐。其方式或兩足交叉置於左右股上,或單以一足押在對側股上。

〔19〕神:鎌本作"禪"。

〔20〕現:水經河水注引文,戴本、殿本、楊本作"見";大典本、黃本、吳本、朱本、沈本、全本、趙本作"現"。

〔21〕三尺許:水經河水注引文,大典本、黃本作"三尺"。

〔22〕明亮:石本、鎌本作"明高"。

〔23〕非:麗本作"非是"。

〔24〕處:石本作"家"。

〔25〕減:鎌本作"咸"。

〔26〕由延:麗本作"由延到"。水經河水注引文,大典本、黄本、沈本、殿本作"由旬";吴本、朱本、全本、趙本、楊本作"由延";戴本作"由巡"。

〔27〕貝多樹:"貝",石本作"具",下同。大唐西域記卷八稱此樹爲畢鉢羅樹(畢亦作卑),即賓波羅樹(Pippala 或 Peepal)也。以釋迦牟尼在此樹下成道,故亦稱菩提樹(Bodhidruma)。此貝多樹與"貝多羅"(Pattra,簡寫作"貝多",義爲樹葉或供書寫的樹葉)及"多羅"(Tāla,樹名,其葉可供書寫)均不同。

〔28〕唱導導引:石本、鎌本作"唱道道引"。

〔29〕菩薩起行:石本作"開起竹"。

〔30〕天授吉祥草:"授"字,今所見法顯傳各本皆作"授",而音義以爲應作"獻",並謂所見唐本法顯傳"作授,非也,今不取"。吉祥草即矩奢草(Kuśa)。涬沙王舊城即以多出此草而得矩奢揭羅補羅城之名。

〔31〕菩薩:石本作"井"。

〔32〕三帀而去:水經河水注引文,大典本、黄本、沈本、趙本作"三匝西去";吴本、朱本作"三匝而去";全本、楊本作"三帀而去";戴本、殿本作"三帀西去",殿本注"案西近刻作而"。

〔33〕貝:鎌本作"具",下同。

〔34〕東向而坐:石本無"而"字。水經河水注引文,大典本、黄本、趙本作"東向西坐";吴本、朱本、沈本、全本、戴本、殿本、楊本作"東向而坐"。

〔35〕魔王:水經河水注引文,大典本、黄本、沈本作"魔"。

〔36〕來試:水經河水注引文,大典本、黄本、沈本、全本、戴本、殿本作"來試菩薩";吴本、朱本、趙本、楊本作"來試"。

〔37〕魔王:水經河水注引文,大典本、黄本作"魔手"。

〔38〕從南來試:水經河水注引文,大典本、黄本、沈本、戴本、殿本、楊本作"從南來",殿本注"案近刻下有試字";吴本、朱本、全本、趙本作"從南來試"。

〔39〕足指按地:法顯傳此云"足指按地",蓋以言佛之神通。佛本行集

經卷二九則作"爾時菩薩手指此地，……其地遍及三千大千世界，六種震動，作大音聲，……爾時彼魔一切軍衆……皆悉退散"。

〔40〕魔兵：石本、鐮本作"魔丘"。

〔41〕退散：水經河水注各本引文皆作"卻散"。

〔42〕三女變老：麗本作"三女變成老母"。水經河水注引文，大典本、黃本、吳本、朱本、沈本、戴本、殿本、楊本作"三女變爲老姥不自服"，朱注"不字上疑脱一莫字"；全本、趙本作"三女變爲老姥莫不自服"。楊本注云"不自服"當作"不能自復"。

〔43〕苦行：石本作"宫行"。

〔44〕七寶臺：東本、開本、鐮本、麗本作"七寶堂"；石本作"七寶當"；磧本、津本、學本作"七寶屋"。

〔45〕文鱗盲龍：文鱗（Mucilinda）爲龍名，大唐西域記卷八譯作目支鄰陀。

〔46〕尼拘律樹：水經河水注引文，大典本、黃本、沈本作"拘律樹"，沈本注"脱尼字"。

〔47〕梵天來請佛處："請"字，水經河水注引文，大典本、黃本、吳本、朱本、沈本作"諸"，朱本注"諸疑作詣"，沈本注"一本作詣"；全本、趙本、戴本、殿本作"詣"，殿本注"案詣近刻訛作諸"，此又可見戴氏未檢對大典本因而以大典本亦作爲"近刻"矣；楊本作"請"。大唐西域記卷八載此事，作"大梵天王於此勸請轉妙法輪"，即懇請佛對人間宣講佛教教義也。

〔48〕四天王奉鉢處："奉鉢"，水經河水注引文，大典本作"奉鉢"；黃本、吳本、朱本、沈本、全本、趙本、殿本、楊本作"捧鉢"，此又戴氏未檢對大典本之一證；戴本作"捧盆"。佛教所傳，四天王奉鉢，爲供釋迦牟尼接受麨蜜之用。

〔49〕五百賈客授麨蜜處："賈客"，石本作"買客"；麗本作"賈人"。"授"字，音義以爲應改作"獻"；音義又以爲"麨"字應作"䴵"，謂"（法顯）傳從少作麨，俗字"。佛教傳説，釋迦牟尼初證佛果後，有商客奉獻麨蜜之事。本傳云有五百賈客，大唐西域記卷八唯二商主。

〔50〕度迦葉兄弟師徒千人處：大唐西域記卷八亦載此佛教傳説，較本傳爲詳。此迦葉兄弟爲：優婁頻螺迦葉波（Uruvilvā Kāśyapa）、捺地迦葉波（Nadī Kāśyapa）、伽耶迦葉波（Gayā Kāśyapa），初，三人爲事火外道，受釋迦

109

牟尼之教化,偕其徒衆千人,先後皈依佛教。

〔51〕亦:麗本作"亦盡"。

〔52〕入衆之法:入衆之法即佛教僧人共同生活之規法。釋氏要覽卷下引五分律云:"佛言入衆應以五法:一下意,二慈心,三恭敬,四知次第,五不説餘事。"

〔53〕四大塔者:按:法顯傳中於貝多樹佛成道處、鹿野苑始轉法輪處、及拘夷那竭城般泥洹處,皆記有塔。獨於論民園佛生處未記有塔,不知何由脱去。大唐西域記卷六臘伐尼林(即論民園)則載有佛生處諸窣堵波及無憂王所建大石柱。

〔54〕生處:鎌本作"坐處"。

〔55〕法輪:鎌本無"輪"字。

〔56〕作:東本、開本作"在"。

〔57〕釋迦佛:東本、開本、石本、鎌本、麗本作"迦葉佛"。

〔58〕歡喜:石本作"觀喜"。

〔59〕一掬土:石本作"一相土"。

〔60〕經行地:東本、開本作"經行池";石本作"經行城"。

〔61〕因此:石本作"因"。

〔62〕鐵輪王:參看前〔僧伽施國〕節注〔10〕。

〔63〕閻浮提:即閻浮提洲。參看前〔弗樓沙國〕節注〔15〕。

〔64〕案:鎌本作"安"。

〔65〕鐵圍兩山:關於鐵圍山,見前〔弗樓沙國〕節注〔15〕。但此句似言以鐵圍繞兩山間作地獄,與鐵圍山無關。

〔66〕閻羅:鎌本、麗本作"閻羅王"。閻羅爲梵文 Yamarāja 音譯之略。

〔67〕治罪人:石本作"治羅"。

〔68〕人主:石本作"人人主"。

〔69〕主:石本作"王"。

〔70〕池水:石本、磧本、津本、學本作"泄水"。

〔71〕一人:鎌本作"一惡人";磧本、禪本、津本、學本、院本作"一"。

〔72〕長壯:石本作"長烖"。

〔73〕眼青:磧本作"眼清";麗本作"目青"。

〔74〕以脚鉤兼魚:東本、開本、鎌本、麗本作"以脚鉤魚"。

〔75〕口呼:磧本、津本、學本作"口呼"。

〔76〕作好浴池:磧本作"非好浴池";石本作"作好浴";津本、學本作"并好谷池"。

〔77〕莊嚴校餝:"莊",石本、鎌本作"壯",後同。"餝",磧本、麗本、津本、學本、院本作"飾"。

〔78〕牢作:石本作"窂竹";鎌本作"窂作"。

〔79〕輒捉:石本作"輒投"。

〔80〕設:石本作"説"。

〔81〕王:東本、開本、磧本、麗本、津本、學本作"主"。

〔82〕有:鎌本、麗本作"時有"。

〔83〕門:鎌本作"獄門"。

〔84〕復:石本作"後";磧本、津本、學本作"得"。

〔85〕阿羅漢:鎌本、麗本作"阿羅漢果"。

〔86〕捉內鑊湯中:石本作"投內錐湯中";鎌本作"捉內鑊渴中"。

〔87〕獄卒:麗本作"爾時獄卒"。

〔88〕獄中:石本作"中"。

〔89〕王:石本作"王王"。

〔90〕爲説法:鎌本、麗本作"爲王説法"。

〔91〕信重:東本、開本作"信乘"。

〔92〕八齋:麗本作"八戒齋"。八齋亦稱八戒或八戒齋,乃佛教徒之禁戒,即離開八種之非法也。據俱舍論卷十四,此八種之非法爲:①殺生;②不與取;③非梵行;④虛誑語;⑤飲諸酒;⑥塗飾香鬘歌舞觀聽;⑦眠坐高廣嚴麗床座;⑧食非時食。關於阿育王作地獄、壞地獄及此下王夫人伐樹之佛教神話傳説,大唐西域記卷八亦有類似記述。

〔93〕倒:石本作"到",鎌本作"樹倒"。

〔94〕搏:石本作"榑";鎌本作"愽"。

〔95〕身四布地:麗本作"身四枝布地"。

〔96〕誓已:麗本作"作是誓已"。

〔97〕今高減十丈:石本作"今高减十丈";鎌本作"高减十丈";麗本作"高减十丈"。

雞足山

　　從此南三里行,到一山,名鷄足[1]。大迦葉今在此山中[2]。劈[3]山下入,入處不容人,下入極遠有旁孔,迦葉全身在此中住。孔外有迦葉本洗手土,彼方人若頭痛者,以此土塗之即差。此山中即日[4]故[5]有諸羅漢住,彼方[6]諸國道人年年往供養迦葉,心濃至者,夜即有羅漢來,共言論,釋其疑已,忽然不現。此山榛木茂盛,又多師子、虎、狼,不可妄行。

【校注】

　　〔1〕從此南三里行到一山名雞足:"南",鎌本作"東南"。雞足山,即大唐西域記卷九之屈屈吒播陀山(Kukkuṭapādagiri);亦稱寠盧播陀山(Gurupādagiri),意譯尊足,蓋因"尊者大迦葉波居中寂滅,不敢指言,故云尊足"也。據勞氏書(230—231 頁)引克寧漢(Cunningham)氏説,主張此山在伽耶城東北 16 哩,即克基哈爾(Kurkihār)之北約一哩之三座山峯。又引有斯坦因(Stein)氏説,主張此山在克基哈爾西南一帶連山中之最高峯,即索那時山(Sobhnāth Hill),距瓦齊干村(Wazirganj)約四哩。是故堀氏書卷九附圖,即繪雞足山於伽耶之東偏北。但據足立氏書(175—177 頁)引巴納基(R・D・Banerjee)氏之考證,則以位於佛陀伽耶東南東二十哩之寠播山(Gurpa Hill 即 Gurupada)當雞足山。足立氏以爲本傳"從此南三里"之文當有誤,因改"三里"爲"三由延",並謂"南"字應作"東南"解。按:1980 年影印問世之鎌本,"南"字正作"東南",與巴納基、足立二氏之考證相合。
　　〔2〕大迦葉今在此山中:即言大迦葉居中寂滅也。大唐西域記卷九所載較此爲詳。

〔3〕劈:石本作"辟";鎌本作"辟";麗本作"擘"。

〔4〕即日:鎌本作"即目"。

〔5〕故:鎌本作"猶"。

〔6〕彼方:麗本作"彼"。

曠　野

　　法顯還向巴連弗邑〔1〕。順恒水西下〔2〕十由延〔3〕，得〔4〕一精舍，名曠野〔5〕，佛所住處，今現有僧。

【校注】

　　〔1〕法顯還向巴連弗邑:"巴"，石本作"已"。水經河水注引用法顯傳此段關於曠野之記載，首句作"法顯從此東南行還巴連弗邑。"楊敬注:"守敬按:佛國記法顯從雞足山還向巴連弗邑，無東南行等字，此酈氏以意增。……雞足山在巴連弗邑之西南，則從雞足山還向巴連弗邑，乃東北行，非東南行，此南爲北之誤。"按:伽耶在巴連弗邑之南偏西，雞足山在巴連弗邑之東南，楊氏謂"雞足山在巴連弗邑之西南"，亦未爲準確。又，"巴連弗邑"，大典本、吳本、朱本、沈本作"巴連佛邑";黃本作"已連佛邑";全本、趙本、戴本、殿本、楊本作"巴連弗邑"。

　　〔2〕西下:石本作"面下"。此西下之"下"字，疑應作"行"字。

　　〔3〕十由延:石本作"十由正";鎌本作"由延"。水經河水注各本引文無此三字。

　　〔4〕得:鎌本作"到"。

　　〔5〕名曠野:東本、開本作"多曠野";石本作"名順野"。據本傳，此地在巴連弗邑西十由延，波羅㮈城東十二由延。據大唐西域記卷七，戰主國 (Yuddhapati，今 Ghāzipur) 東偏南三百餘里有摩訶娑羅邑 (Mahāsāla，今 Shahabad 西約六哩之 Masār)，更東三十餘里，殑伽河北，有石柱，刻記如來伏曠野諸鬼之事，諸鬼並舉石請佛安坐，願聞正法。法顯傳之曠野，蓋即此處。

迦尸國波羅柰城

　　復順恒水西行十二由延[1]，到迦尸國波羅柰城[2]。城東北十里許，得仙人鹿野苑精舍[3]。此苑本有辟支佛住，常有野鹿栖宿[4]。世尊將[5]成道，諸天於空中唱言：“白凈王子出家學道，却後七日當成佛。”辟支佛聞已，即取泥洹，故名此處爲仙人鹿野苑。世尊成道已，後人於此處起精舍。佛欲度拘驎[6]等五人，五人[7]相謂[8]言：“此瞿曇沙門[9]本六年苦行[10]，日食一麻、一米，尚不得道[11]，況入人間，恣身、口、意，何道之有！今日來者，慎勿與語。”佛到，五人皆起作禮處。復[12]北行六十步，佛於此東向坐，始轉法輪[13]度拘驎等五人處。其北二十步，佛爲彌勒受記[14]處。其南五十步，翳羅鉢龍問佛[15]：“我何時當得免[16]此龍身？”此處皆起塔，見在。中有二僧伽藍，悉有僧住。

【校注】

　　〔1〕復順恒水西行十二由延：水經河水注引用法顯傳此段關於迦尸國波羅柰城之記載，首句作“復順恒水西下”，“西下”應作“西行”。

　　〔2〕迦尸國波羅柰城：“迦尸國”，石本作“迦尼園”；水經河水注引文，大典本、黃本作“尸迦國”；吳本、朱本、沈本、全本、趙本、戴本、殿本、楊本作“迦尸國”。“柰”字，石本、鎌本、麗本作“柰”，下同；河水注引文，大典本、黃本、沈本作“奈”，吳本、朱本、全本、趙本、戴本、殿本、楊本作“奈”。迦尸（Kāśī）亦爲古印度恒河流域之著名古國，其首都波羅柰（Vārāṇasī），

即今印度北方邦之貝拿勒斯（Banāras）。此城位於恒河北岸，又有Varuṇā河流經城北，Asi河流經城南，合此二河之名，而得Vārāṇasī之城名。波羅捺城爲古印度之一重要工商業中心，交通發達，東通恒河下游，西通拘薩羅國舍衞城乃至竺刹尸羅國等地。城東北之鹿野苑，即釋迦牟尼成道後初轉法輪處，亦爲當時佛教傳布之一中心也。大唐西域記卷七即以首都婆羅疟斯（即波羅捺）之名，稱其國爲婆羅疟斯國。

〔3〕仙人鹿野苑精舍：“苑”，石本、鎌本作“菀”，下同；水經河水注引文，大典本、黄本亦作“菀”。鹿野苑在今貝拿勒斯城北面十里許，其地今名Sārnāth，附近一帶之森林，即古鹿野也。關於鹿野苑精舍之規模，及以下鹿野得名之由來、辟支佛取泥洹、佛始轉法輪度拘驎等五人、佛爲彌勒受記諸佛教神話傳説，大唐西域記卷七有類似記述。

〔4〕棲宿：水經河水注引文，大典本、黄本無此二字。

〔5〕將：石本作“時”。

〔6〕拘驎：拘驎即憍陳如之異譯，參看前〔伽耶城〕節注〔3〕。拘驎等既捨釋迦牟尼而至波羅捺城，釋迦牟尼成道後，仍來鹿野苑説法度拘驎等五人。

〔7〕五人：鎌本無此二字。

〔8〕謂：石本作“諸”；鎌本作“語”。

〔9〕瞿曇沙門：瞿曇（Gautama）亦譯喬答摩，乃釋迦牟尼之姓。此瞿曇沙門即指釋迦牟尼。

〔10〕本六年苦行：麗本無“本”字。“苦行”，石本作“共行”。

〔11〕不得道：石本原作“不得尊世”，但“尊世”二字又曾被互乙。

〔12〕復：石本作“得”。

〔13〕始轉法輪：始轉法輪即始説教法也。

〔14〕佛爲彌勒受記：“受”，磧本、麗本、津本、學本、院本作“授”。受、授二字可通用。彌勒即彌勒菩薩，見前〔陀歷國〕節注〔5〕。受記爲和伽羅那（Vyākaraṇa）之意譯，乃一種預言。此句即言佛以未來成佛應繼釋迦牟尼佛位之記別，授與彌勒菩薩。

〔15〕翳羅鉢龍問佛：翳羅鉢（Elāpattra），龍名，亦作伊羅鉢。據佛本行集經卷三十八傳説，此龍前生曾手斫伊羅草，以果報而得龍身，故來問佛何時得免；佛勸誘其歸依三寶，受持五戒，將來至彌勒佛世，可脱龍身而復

115

人身。

〔16〕當得免:鎌本作"當免";麗本作"得免"。

拘睒彌國

　　自鹿野苑精舍西北行十三由延[1]，有國，名拘睒彌[2]。其精舍名瞿師羅園[3]，佛昔住處。今故有衆僧，多小乘學。從[4]東行八由延，佛本於此度惡鬼處。亦嘗[5]在此住，經行[6]、坐處皆起塔。亦有僧伽藍，可百餘僧。

【校注】

〔1〕由延:東本、開本、金本(記引)、石本、鎌本、資本、麗本作"由旬"。

〔2〕拘睒彌:即大唐西域記卷五之憍賞彌(Kauśāmbī)，勞氏書(100頁)引克寧漢説，以爲其都城故址在今印度北方邦南部阿拉哈巴德(Allahabad)西南三十哩之柯散(Kosam)，近年考古發掘其地，得有石柱銘文等。

〔3〕瞿師羅園:瞿師羅(Ghosila)即大唐西域記卷五憍賞彌國下之具史羅長者，西域記載此國都城内東南隅具史羅長者故宫中有佛精舍，又載城東南不遠具史羅長者舊園有故伽藍，如來於此數年説法。

〔4〕從:石本、鎌本作"從此";麗本、院本作"從是"。

〔5〕嘗:金本(記引)、麗本作"常"。

〔6〕經行:石本作"行經"。

達嚫國

　　從此南行二百由延，有國名達嚫[1]。是過去迦葉佛僧伽藍[2]，穿[3]大石山作之，凡有五重:最下重作

116

象[4]形,有五百間石室;第二層[5]作師子形,有四百間;第三層作馬形,有三百間;第四層作牛形,有二百間;第五層作鴿形,有百間。最上有泉水,循[6]石室前繞房而流,周圍迴[7]曲,如是乃至下[8]重,順房流,從户而出。諸層[9]室中處處穿石[10],作窻牖[11]通明。室中郎然,都無幽暗[12]。其室四角頭[13]穿石作梯[14]蹬[15]上處[16]。今人形小[17],緣梯上,正得至昔人[18]一脚所[19]躡處。因[20]名此寺爲波羅越,波羅越者,天竺名鴿也[21]。其寺中常有羅漢住。此土丘荒[22],無[23]人民居。去山極遠方有村。皆是邪[24]見,不識佛法、沙門、婆羅門及諸[25]異學。彼國人民常見人飛來[26]入此寺。于時諸國道人欲來禮此寺者,彼村人則言:"汝何以不飛耶? 我見此間道人皆飛。"道人方便答言:"翅未成耳。"

達嚫國[27]幽嶮[28],道路[29]艱難[30],而[31]知處。欲往者,要當賣錢貨施彼國王,王然後遣人送,展轉相付,示其逕路[32]。法顯竟不得往,承彼土人言,故説之耳。

【校注】

〔1〕達嚫:鎌本作"達親"。達嚫(Dakṣiṇa)蓋即大唐西域記卷十之憍薩羅國(Kosala),亦即大慈恩寺三藏法師傳卷四之南憍薩羅國。蓋古印度北方有一以舍衛城爲首都之憍薩羅國(法顯傳上文譯作拘薩羅國),故名此一南方之憍薩羅國爲達嚫——憍薩羅(Dakṣiṇa - Kosala),"達嚫"之義

117

爲"南",達嚫——憍薩羅即南憍薩羅,亦即法顯此處簡稱之達嚫。此國疆土,相當今印度中部馬哈納迪(Mahanadi)河系及哥達瓦里(Godāvāri)河系上游一帶。

〔2〕是過去伽葉佛僧伽藍:大唐西域記卷十云憍薩羅國(南憍薩羅)西南三百餘里有跋邏末羅耆釐山(Bhrāmara‐giri),山中有此國國王爲龍猛菩薩(Nāgārjuna)所建之伽藍,似即法顯傳此處所述之僧伽藍。

〔3〕穿:金本(記引)、麗本(足立氏書引)作"穸"。穿,穸字同。

〔4〕象:鐮本作"鲁"。

〔5〕層:石本、鐮本作"曾"。下同。

〔6〕循:石本作"修";鐮本作"脩"。

〔7〕迴:鐮本無此字。

〔8〕下:石本作"千"。

〔9〕層:石本、鐮本作"曾";金本(記引)、麗本作"僧"。

〔10〕石:金本(記引)作"一石"。

〔11〕窻牖:"窻,石本、鐮本作"窓"。"牖",圓本、資本、禪本作"牍",蓋訛;東本、開本、金本(記引)、石本、鐮本、磧本、麗本、津本、學本、院本作"牖",今據改。

〔12〕暗:金本(記引)、石本、鐮本、麗本、院本作"闇"。

〔13〕頭:金本(記引)、麗本無此字。

〔14〕梯:金本(記引)、石本、鐮本作"躈"。下同。

〔15〕蹬:磧本作"隥";津本、學本、院本作"磴";音義作"隥",並云"(法顯)傳作蹬,俗用字",則音義所見唐本亦作"蹬"也。

〔16〕上處:鐮本作"上下處"。

〔17〕小:鐮本作"短小"。

〔18〕人:金本(記引)無此字。

〔19〕所:金本(記引)、麗本無此字。

〔20〕因:石本、鐮本作"耳"。此"耳"字蓋連上句讀。

〔21〕波羅越者天竺名鴿也:"波羅越",金本(記引)不重出此三字。梵文名鴿曰 Pārāvata,波羅越蓋其音譯。按:①大唐西域記卷十之跋邏末羅耆釐山(義爲黑蜂山)之梵文爲 Bhrāmara‐giri, giri 之意爲"山",Bhrāmara 之意爲"黑蜂"。而 Bhrāmara 與 Pārā‐vata 音近易混。②又此伽

118

藍建於大石山上,梵文稱山曰 Parvata,而 Parvata 與 Pārāvata 亦音近易混。法顯傳此節關於此波羅越寺之記載,乃得之傳聞,而未親至目睹,彼所聞之寺名,可能爲 Bhrāmara(跋邏末羅寺)或 Parvata(山寺),而誤聽作 Pārāvata,因遂訛作鴿寺也。又按:慧超往五天竺國傳南天竺國下云:"……於彼山中,有一大寺,是龍樹菩薩便(使)夜叉神造,非人所作,竝鑿山爲柱,三重樓樓,四面方圓三百餘步,龍樹在日,寺有三千僧,獨供養以十五石米,每日供三千僧,其米不竭,取却還生,元不減少,然今此寺廢,無僧也。"此慧超傳所云山中大寺與大唐西域記之跋邏末羅耆釐伽藍,及法顯傳所謂鴿寺,蓋均爲同一之僧伽藍。玄奘、慧超均傳此寺乃屬龍樹(即龍猛),法顯獨云"是過去伽葉佛僧伽藍"者,恐亦誤傳。

〔22〕此土丘荒"此土",鎌本作"彼土"。"丘荒",石本、鎌本作"坵荒"。

〔23〕無:石本作"天",乃"无"字之訛。

〔24〕邪:石本作"耶"。

〔25〕及諸:石本作"乃諸"。

〔26〕人飛來:金本(記引)、麗本作"飛人來"。"飛"字,石本作"羆"下同。

〔27〕達嚫國:圓本作"達親國";鎌本作"達龍國";東本、開本、石本等各本皆作"達嚫國",今據改。

〔28〕幽嶮:"幽",金本(記引)、津本、學本、院本無此字;"嶮",鎌本作"冷";院本作"險"。

〔29〕路:金本(記引)無此字。

〔30〕艱難:石本作"難艱"。

〔31〕而:東本、開本、金本(記引)、石本、鎌本、麗本、院本作"難"。

〔32〕示其逕路:"示",石本作"糸"。"逕",石本作"迳";鎌本作"送"。

還巴連弗邑寫律

從〔1〕波羅㮈國〔2〕東行,還到巴〔3〕連弗邑。法顯本

119

求戒律，而北天竺諸國皆師師[4]口傳，無本可寫，是以遠步[5]，乃至[6]中天竺。於此摩訶衍僧伽藍得一部律[7]，是摩訶僧祇衆律[8]，佛在世時[9]最初大衆[10]所行也，於祇洹精舍[11]傳其本[12]。自餘十八部[13]各有師資，大歸不異，於[14]小小不同，或用開塞[15]。但此最是廣説備悉者。復得一部抄律[16]，可七千偈，是薩婆多衆律[17]，即此秦地衆僧所行者也。亦皆師師口相傳授，不書之於文字。復於此衆中得雜阿毗曇心[18]，可六千偈。又得一部綖經[19]，二千五百偈。又得一部[20]方等般泥洹經[21]，可五千偈。又得摩訶僧祇阿毗曇[22]。故法顯住此三年[23]，學梵書、梵語[24]，寫律。

道整既到中國，見沙門法則，衆僧威儀，觸事可觀，乃追歎秦土邊地，衆僧戒律殘缺。誓言："自今已去至得佛，願不生邊地。"故遂停不歸。

法顯本心欲令[25]戒律流通漢地，於是獨還[26]。

【校注】

〔1〕從：麗本作"從彼"。

〔2〕波羅㮈國：石本、鎌本作"彼羅㮈國"；"㮈"，麗本作"㮈"。

〔3〕巴：石本作"已"。

〔4〕師師：石本作"師"。

〔5〕步：麗本作"涉"；出三藏記集卷三彌沙塞律記引文亦作"涉"。

〔6〕乃至：自以上"北天竺"之"竺"字，至此"至"字，共十八字，鎌本脱寫。

〔7〕於此摩訶衍僧伽藍得一部律:摩訶衍僧伽藍已見前〔摩竭提國巴連弗邑〕節注〔28〕。今傳本法顯共佛陀跋陀羅(即覺賢)所譯摩訶僧祇律私記則稱"於摩竭提國巴連弗邑阿育王塔南天王精舍寫得(此律)梵本"。

〔8〕摩訶僧祇衆律:摩訶僧祇(Mahāsāṅghika)之意爲"大衆","衆"之意爲"部",摩訶僧祇衆律猶言"大衆部律",即今大藏經中之摩訶僧祇律四十卷,法顯歸國後與佛陀跋陀羅(即覺賢)共譯。出三藏記集卷二法顯名下著錄云:"摩訶僧祇律四十卷,已入律錄。"同書卷三婆麤富羅律條亦記此律譯記。

〔9〕世時:石本作"世尊"。

〔10〕大衆:石本作"天衆"。

〔11〕祇洹精舍:石本作"祇洹舍"。

〔12〕其本:圓本、資本、禪本作"具本";東本、開本、石本、鎌本、磧本、麗本、津本、學本、院本作"其本",今據改。

〔13〕十八部:即佛滅後數百年間佛教分裂而成之部派也。關於此等部派,諸傳說不盡相同。普通常被引用者有玄奘所譯異部宗輪論,謂佛教首先分裂者爲大衆部(Mahāsāṅ‐ghika)與上座部(Sthavira),其後由大衆部又先後分出八部:① 一說部(Ekavyāvahārika),② 說出世部(Lokottaravādina),③雞胤部(Kaukkuṭika),④多聞部(Bahuśrutīya),⑤說假部(Prajñaptivādina),⑥制多山部(Caityaśaila),⑦西山住部(AParaśaila),⑧北山住部(Uttaraśaila);由上座部(即雪山部 Haimavata)又先後分出十部:① 說一切有部(Sarvāstivāda,亦名說因部 Hetuvāda),② 犢子部(Vātsīputrīya),③法上部(Dharmottarīya),④賢胄部(Bhadrayānīya),⑤正量部(Sammatīya),⑥密林山部(Ṣaṇṇagarika),⑦化地部(Mahīśāsaka),⑧法藏部(Dharmagupta),⑨飲光部(Kaśyapīya,亦名善歲部 Suvarṣaka),⑩經量部(Sautrāntika,亦名說轉部 Saṃkrāntivādina)。以上大衆部、上座部爲本部,所分出之諸部爲十八部,合大衆、上座兩本部亦稱二十。但據錫蘭所傳,如島史(Dīpavaṃsa)之所載,則分別従大衆部、上座部分出者爲十六部,合大衆、上座兩本部爲十八部。又據義淨南海寄歸内法傳卷一云:"諸部流派,生起不同,西國相承,大綱唯四:一、……聖大衆部,分出七部;……二、……聖上座部,分出三部;……三、……聖根本説一切有部,分出四部;……四、……聖正量部,分出四部,……然而部執所傳,多有同異,且

121

依現事,言其十八。"此又一種十八部派演變之記述也。

〔14〕於:麗本作"然"。

〔15〕開塞:開、塞,猶言寬、嚴也。

〔16〕抄律:鎌本作"律抄"。

〔17〕薩婆多衆律:薩婆多衆(Sarvāstivāda)即說一切有部,薩婆多衆律即說一切有部律也。出三藏記集卷二法顯名下著錄云:"薩婆多律抄,梵文,未譯。"

〔18〕雜阿毗曇心:阿毗曇即阿毗達磨,佛典中之論述也。對於論述加以注釋者曰毗婆沙(Vibhāṣa),意即廣說或廣釋。佛教論藏中有一部著名之阿毗達磨發智論,亦名說一切有部發智論,廣釋此發智論者有阿毗曇毗婆沙論,嫌婆沙論太博而略撰要義者,曰阿毗曇心論(開元釋教錄卷十三云"或無'論'字"),增釋阿毗曇心論者曰雜阿毗曇心論,即此雜阿毗曇心是也。歷代三寶紀卷七謂法顯歸後曾共覺賢譯此,是第二出。然出三藏記集卷二法顯名下著錄云:"雜阿毗曇心十三卷,闕。"開元錄卷十五亦將法顯、覺賢共譯之雜阿毗曇心十三卷收入小乘論闕本。今大藏經中所收此論十一卷,已是劉宋僧伽跋摩等譯本矣。

〔19〕綖經:麗本作"經"。佛經通稱曰素呾纜(Sūtra),亦譯稱線經,或譯稱綖經。綖與線同字,其意蓋謂如以綖(線)貫花,使法義不散也。法顯所得此綖經,似爲一專著,出三藏記集卷二法顯名下著錄云:"綖經,梵文,未譯出。"

〔20〕一部:今所見各本法顯傳皆作"一卷";出三藏記集卷三彌沙塞律記引文作"一部",今據改。

〔21〕方等般泥洹經:即今大藏經中之佛說大般泥洹經六卷也。今通行本但題法顯譯,據出三藏記集卷八所收六卷泥洹出經後記,乃"義熙十三年(公元417年)十月一日,於謝司空石所立道場寺,出此方等大般泥洹經,至十四年(公元418年)正月二日,校定盡訖,禪師佛大跋陀(亦即覺賢)手執梵本,寶雲傳譯。"出三藏記集卷二法顯名下亦著錄云:"大般泥洹經六卷,晉義熙十三年……道場寺譯。"又今大藏經中尚收有另一種大般涅槃經,三卷,題作東晉法顯譯。開元錄卷三注云:"大般涅槃經,三卷,或二卷,是長阿含初分遊行經異譯,羣錄並云顯出方等泥洹者非,即前大泥洹經(按:即前述六卷泥洹)加'方等'字,此小乘涅槃,文似顯譯,故以此替

122

之。"推開元録之解釋,以爲此三卷小乘大般涅槃經,不過文似顯譯,遂以歸之耳。故學者間多不信其果爲法顯所譯也。

〔22〕摩訶僧祇阿毗曇:阿毗曇(阿毗達磨)即佛典中之論述,摩訶僧祇阿毗曇乃大衆部所傳之阿毗曇。我國現存諸經録中,此論未見著録。

〔23〕故法顯住此三年:"故",鎌本無此字。法顯前文之記夏坐,止於西行後第六年即公元404年在僧伽施國龍精舍之夏坐。依足立氏書(192頁)之解釋,"故法顯住此三年"句,可推算作法顯西行後之第七年、第八年、第九年,即義熙元年(公元405年)、二年(公元406年)、三年(公元407年)。

〔24〕學梵書梵語:石本作"學故書胡語";鎌本作"覺故書胡語"。

〔25〕令:石本作"今"。

〔26〕還:石本無此字。

瞻波大國

順恒水東下十八由延[1],其南岸[2]有瞻波大國[3]。佛精舍、經行處及[4]四佛坐處,悉起[5]塔,現有僧住。

【校注】

〔1〕順恒水東下十八由延:"恒水",石本作"水"。水經河水注引用法顯傳此段關於瞻波大國之記載,此句作"(自巴連弗邑)又順恒水東行"("東行",大典本、黄本作"東東行")。

〔2〕其南岸:東本、開本作"其地岸";石本作"其地坼";鎌本作"到南岸其地坼";圓本字音、東本字音、開本字音、資本字音、磧本字音、禪本字音均有"地坼"條,注"下岸字"。水經河水注各本引文皆作"其南岸"。

〔3〕瞻波大國:"瞻波",鎌本作"瞻婆";水經河水注引文亦作"瞻婆"("瞻"字,大典本作"瞻")。瞻波大國即大唐西域記卷十之瞻波國(Campa)。其首都故址在今印度比哈爾邦東部巴格耳普爾(Bhāgalpur)略西不

遠處,至今尚有 Champanagar 之地名,即瞻波邑也。

〔4〕及:石本作"乃"。

〔5〕起:鎌本作"起起"。

多摩梨帝國

從此東行近五十由延[1],到多摩梨帝國[2],即是海口。其國有二十四僧伽藍,盡有僧住,佛法亦興。法顯住此二年[3],寫經及畫像。

【校注】

〔1〕從此東行近五十由延:水經河水注引用法顯傳此段關於多摩梨帝國之記載,此句作"(自瞻婆大國)恒水又東"。

〔2〕多摩梨帝國:麗本作"摩梨帝國"。水經河水注引文,大典本、黄本、吳本、朱本、沈本、楊本作"多摩梨帝國",是也;全本、趙本以漢書之梨軒當此之"梨帝",改作"多摩梨軒國",戴本、殿本亦從之,殿本並加注云:"案軒近刻訛作帝",此又戴氏從全、趙而未核對大典本之一例,戴且以大典本之"帝"字亦作爲"近刻"之"訛",可謂甚謬誤矣。多摩梨帝國即大唐西域記卷十之耽摩栗底國(Tāmralipti),其首都故址在今印度西孟加拉邦加爾各答西南之坦姆拉克(Tamluk),爲古印度東北部之著名海口。大唐西域記卷十云:"國濱海隅,水陸交會,奇珍異寶多聚此國,故其國人大抵殷富。"南海寄歸内法傳卷四云:"附舶廣州,舉帆南海,緣歷諸國,……方達耽摩立底國,即東印度之海口也。"皆可與法顯傳比看,以見此海口在古代中、印海上交通史中地位之重要。

〔3〕法顯住此二年:當爲義熙四年(公元408年)及五年(409年)。

四　師子國記遊

師子國概述

於是載商人大舶^[1]，汎海^[2]西南行，得冬初信風^[3]，晝夜十四日，到師子國^[4]。彼國人云，相去可七百由延。

其國本在^[5]洲上，東西五十由延，南北三十由延^[6]。左右小洲乃有^[7]百數，其間相去或十里、二十里，或二百里，皆統^[8]屬大洲。

多出珍寶珠璣^[9]。有出摩尼珠^[10]地，方可十里。王使人守護，若有採^[11]者，十分取三。

其國本無人民，正^[12]有鬼神及龍居之。諸國商人共市易^[13]，市易時鬼神不自現身，但出寶物^[14]，題其價直^[15]，商人則依價置^[16]直取物。因商人來、往、住故^[17]，諸國人聞其土樂^[18]，悉亦復來，於是遂成大國。

其國和適^[19]，無冬夏之異^[20]，草木常茂^[21]，田種隨人，無所時節。

【校注】

〔1〕大舶：東本、開本作“大船”；石本作“大舩”；鎌本作“未舩”。

〔2〕海：鎌本作“海大”。

〔3〕冬初信風：此冬初當爲義熙五年(公元 409 年)之冬初。印度半島東岸冬季有自東北而南之信風與海流。

〔4〕師子國：即大唐西域記卷十一之僧迦羅國(Siṃhala)，今之斯里蘭卡。Siṃha 義爲師子(即獅子)，故 Siṃhala 譯稱師子國。師子國得名之由來，出自神話傳説，詳見西域記。

〔5〕本在：石本、磧本、津本作“大在”；鎌本、學本作“在大”。

〔6〕東西五十由延南北三十由延：足立氏書(196—197 頁)云：“五十由延約當三百六十哩，三十由延約當一百八十哩。然錫蘭島東西爲一百三十七哩，南北爲二百七十一哩。故東西五十由延、南北三十由延云云乃將東西與南北互置，且此項數字所據者乃傳説中極大概之計算也。”

〔7〕乃有：東本、開本、石本、鎌本作“乃”。

〔8〕統：石本、鎌本作“繞”。

〔9〕珠璣：石本作“殊機”。

〔10〕有出摩尼珠：“有”，鎌本作“又”。摩尼(Maṇi)，珠之總名，佛教經籍中常用以稱一種理想中最珍貴之寶珠。

〔11〕採：石本作“米”，蓋“采”字之訛。

〔12〕正：院本作“止”。

〔13〕諸國商人共市易：鎌本作“諸商人來就鬼神共市易”。

〔14〕寶物：鎌本作“實物”。

〔15〕價直：石本、鎌本作“賈直”。

〔16〕價置：圓本、磧本、資本、禪本、津本、學本、院本作“價直”；石本、鎌本作“賈雇”；麗本作“價雇”；東本、開本作“價置”，今據改。

〔17〕故：鎌本作“欲”。

〔18〕土樂：鎌本作“豐樂”。

〔19〕適：石本作“商”。

〔20〕異：石本作“畢”。

〔21〕常茂：禪本作“當茂”。

大　塔

佛至其國,欲化惡龍。以神足力,一足躡王城[1]北,一足躡山頂[2],兩跡相去十五由延。於王城北[3]跡上起大塔[4],高[5]四十丈,金銀莊校,衆寶合成[6]。

【校注】

〔1〕王城:此王城指位於今斯里蘭卡西北部之古都阿瓷羅陀補羅(Anurādhapura)。

〔2〕山頂:此"山頂"據佛教神話傳說,謂即今斯里蘭卡南部之亞當峯(Adam's Peak)。此峯古名蘇摩那俱多山(Sumanakūṭa)。太平御覽卷七九七之和訶條,或以爲是私訶條之誤,而私訶條即斯里蘭卡古名 Siṃhala-dvipa 之對音;御覽此下又述及有一三漫屈之地名,或以爲即是 Sumanakū-ṭa 之對音。又諸蕃志細蘭國下云"有山名細輪疊,頂有巨人跡,長七尺餘",亦即指此"山頂"。大食人稱斯里蘭卡爲 Serendib,細輪疊蓋其對音也。

3〔3〕於王城北:東本、開本、石本、麗本作"王於城北";鐮本作"於城北"。

〔4〕大塔:皮氏書(150 頁注〔4〕)云:此即斯里蘭卡古代國王杜多伽摩尼(Duṭṭhagāmaṇī)所建之大塔(Mahāthūpa)。麥氏書第二卷(237—238 頁)根據蓋格(W. Geiger)氏之研究,推算杜多伽摩尼王在位年爲公元前 101—77 年。按:蓋格氏之研究,謂古代斯里蘭卡直至公元四世紀末年以前所通用之紀年標準,皆以釋迦牟尼涅槃年爲公元前 483 年,並即在此基礎上推算斯里蘭卡諸古代國王在位之年。由於此推算基礎係以公元前 483 年爲佛涅槃年,與其他以公元前 486 年爲佛涅槃年所推算之年代間有三年左右之相差。

〔5〕高:鐮本作"可高"。

〔6〕合成:石本作"含成";鐮本作"令成"。

無畏山僧伽藍

塔邊復[1]起一僧伽藍,名無畏山[2],有五千僧。起一佛殿,金銀刻鏤,悉以衆寶。中有一青玉像,高二丈[3]許,通身七寶炎光[4],威相嚴顯,非言所載。右掌中有一無價[5]寶珠。法顯去漢地積年,所與交接[6]悉異域[7]人,山川草木,舉目無舊,又同行分披[8],或留或亡[9],顧影唯己,心常懷悲。忽於此玉像邊見商人以晉地一白絹扇[10]供養[11],不覺悽然,淚下滿目。

【校注】

〔1〕復:石本作"後"。

〔2〕無畏山:鎌本作"無畏寺"。無畏山(Abhayagiri)爲斯里蘭卡最著名之二大僧伽藍之一,大唐西域記卷十一譯作阿跋耶祇釐。興建此僧伽藍之國王名伐多伽摩尼(Vaṭṭagāmaṇī),其在位年據前述蓋格氏之研究而推算,爲公元前 29—17 年。

〔3〕二丈:麗本作"三丈"。

〔4〕炎光:禪本、院本作"錟光";麗本作"焰光"。

〔5〕無價:石本、鎌本作"無賈"。

〔6〕交接:石本作"交樓";鎌本作"交構"。

〔7〕域:圓本、東本、開本、石本、鎌本、磧本作"城";麗本、津本、學本、院本作"域",今據改。

〔8〕分披:石本、鎌本作"分析";磧本、津本、學本作"分析"。

〔9〕或留或亡:石本作"或留或六";麗本作"或流或亡"。

〔10〕晉地一白絹扇:金本(記引)作"晉地一自綃扇";石本、鎌本作"晉地一自絹扇";麗本作"一白絹扇"。

〔11〕供養:鎌本作"供養像"。

貝多樹

其國前王[1]遣使中國,取貝多樹子[2],於佛殿旁種之[3]。高可二十丈,其樹東南傾,王恐倒[4],故以八九圍柱拄樹[5]。樹當拄處[6]心生,遂穿柱而下,入地成根。大可四圍許,柱雖中裂,猶裹[7]其外,人[8]亦不去。樹下起精舍,中有[9]坐像,道俗敬仰無倦。

【校注】

〔1〕其國前王:此王即斯里蘭卡古代著名之天愛帝須(Devānaṃpiyatissa)。相傳此王登位之第一年,即阿育王在位之第十八年,亦即佛教傳入斯里蘭卡之第一年。按:前〔陀歷國〕節注〔32〕,依公元前486年爲佛涅槃年而推得阿育王加冕爲公元前269年,如此其第十八年應爲公元前251年,則天愛帝須王之元年應亦爲公元前251年。然據前述蓋格氏之研究,推算天愛帝須王在位年爲公元前247—207年,其元年(前247年)與另一傳説(前251年)有四年之相差矣。

〔2〕遣使中國取貝多樹子:鎌本作"遣使中國取貝多樹子還"。此中國指摩竭提國。斯里蘭卡古史所傳,天愛帝須王與摩竭提國阿育王爲友,即位後遣使修好,阿育王亦遣其子摩哂陀(Mahinda)來傳佛教於斯里蘭卡。大唐西域記卷十一亦載此事,但謂來傳佛教者爲阿育王之弟摩醯因陀羅(Mahendra)。斯里蘭卡所傳又云,繼而阿育王之女即摩哂陀之妹僧伽蜜多(Saṅghamittā)亦受請至斯里蘭卡傳布佛教,並攜伽耶之聖菩提樹枝同來,移植於斯里蘭卡,即此所言"取貝多樹子"是也。

〔3〕於佛殿旁種之:僧伽蜜多携來之聖菩提樹枝,係移植於阿㝹羅陀補羅城南,故此所言"於佛殿旁種之"之佛殿,蓋指摩訶毗訶羅(見後〔摩訶毗訶羅精舍〕節注〔1〕),而非無畏山僧伽藍。

129

〔4〕倒：鐮本作“樹倒”。

〔5〕八九圍柱拄樹：石本作“八九圍柱樹”；鐮本作“八九園拄樹”；麗本作“八九圍柱柱樹”。

〔6〕拄處：石本、鐮本、麗本作“柱處”。

〔7〕裏：圓本、磧本、資本、禪本作“裏畏”；東本、開本、石本、鐮本作“畏”；津本、學本作“裏在”；麗本、院本作“裏”，今據改。

〔8〕人：鐮本作“今”。

〔9〕中有：東本、開本作“有”。

王城及佛齒供養

城中又起佛齒精舍，皆七寶作。王淨修梵行，城內人信敬[1]之情亦篤。其國立治已來，無有饑荒喪亂。眾僧庫藏[2]多有珍寶、無價[3]摩尼，其王入僧庫[4]遊觀，見摩尼珠，即生貪心，欲奪[5]取之。三日乃悟，即詣僧中，稽首[6]悔前罪心。因[7]白僧言，願僧[8]立制，自今已後，勿聽王入其庫看，比丘滿四十臈，然後得入[9]。

其城中多居士、長者、薩薄商人[10]。屋宇[11]嚴麗，巷陌平整。四衢道頭皆作說法堂，月八日、十四日、十五日，鋪施高座[12]，道俗四眾[13]皆集聽法。其國人云，都可六萬僧[14]，悉有眾食，王別於城內供[15]五六千人眾食，須者[16]則持本鉢往取[17]，隨器所[18]容，皆滿而還。

佛齒[19]常[20]以三月中出之。未出[21]十日，王莊校大象，使一辯說人，著[22]王衣服，騎象上，擊皷唱

130

言[23]："菩薩[24]從三阿僧祇劫[25]，苦行[26]不惜身命，以國、妻、子及挑眼與人[27]，割肉貿鴿，截頭布施，投身餓虎[28]，不悋髓腦[29]，如是種種苦行，爲衆生故。成佛在世四十五年[30]，説法[31]教化，令不安者安[32]，不度者度，衆生緣盡，乃般泥洹。泥洹已來一千四百九十七年[33]，世間眼滅[34]，衆生長悲。却後十日，佛齒當出至無畏山精舍。國内道俗欲殖福者，各各[35]平治道路，嚴餝[36]巷陌，辦衆華香、供養之具！"如是唱已，王便夾道兩邊，作菩薩五百身已來種種變現，或作須大拏[37]，或作睒變[38]，或作象王，或作鹿、馬。如是形[39]像，皆彩畫莊校[40]，狀若生人[41]。然後佛齒乃出，中道而行，隨路供養，到無畏精舍佛堂上。道俗雲集，燒香、然燈，種種法事，晝夜[42]不息。滿九十日乃還城内精舍。城内精舍[43]至齋日則開門户，禮敬如法。

【校注】

〔1〕人信敬：鎌本作"人民信敬"；麗本作"人敬信"。

〔2〕庫藏：石本作"連藏"。

〔3〕無價：石本作"光賈"；鎌本作"无賈"

〔4〕庫：鎌本作"庫藏"。

〔5〕奪：鎌本作"舊"。

〔6〕稽首：鎌本作"愁稽首"。

〔7〕因：圓本、磧本、禪本、津本、學本、院本作"告"；東本、開本、石本、鎌本、麗本作"因"，今據改。

〔8〕僧言願僧：鎌本作"衆僧"。

〔9〕其庫看比丘滿四十臒然後得入：東本、開本、石本無此十三字；圓本、磧本、資本、禪本有；鎌本作"僧庫藏中看又比丘滿卌臒然後得入"。麗本作"庫看比丘滿四十臟然後得入"；津本、學本、院本作"其庫看比丘滿四十臟然後得入"。臟、臒字同。足立氏書（202—203 頁）以爲此十三字既爲東本、開本、石本所無，或亦後人竄加。湯用彤評（足立喜六）考證法顯傳則不以爲然，謂有此十三字文義亦較完足，非經竄加也。今新見到的鎌本亦有此，更可爲非經竄加之證明。參看前〔焉夷國〕節注〔4〕及〔毗舍離國〕節注〔51〕。

〔10〕薩薄商人：皮氏書（154 頁注〔2〕），及理氏書（104 頁）皆以薩薄爲 Sabaean 之對音，即古代阿拉伯半島西南部 Saba' 地區之居民，素以善航海及經商著名。理氏書云，此等阿拉伯商人直至近世在斯里蘭卡商業活動中仍占有重要地位。

〔11〕屋宇：圓本、禪本作"至宇"；東本、開本、石本、鎌本、磧本、麗本、津本、學本、院本作"屋宇"，今據改。

〔12〕座：石本、鎌本作"坐"。

〔13〕四衆：指比丘、比丘尼、優婆塞（Upāsāka，亦稱居士）、優婆夷（Upāsikā，女性的"居士"）而言。

〔14〕可六萬僧：磧本、津本、學本作"可五六萬僧"；資本作"司六萬僧"。

〔15〕供：麗本作"供養"。

〔16〕衆食須者：院本作"衆須食者"。

〔17〕持本鉢往取：石本作"持大鉢往聚"；鎌本、麗本作"持大鉢往取"。大唐西域記卷十一亦載僧伽羅國（即師子國）"王宮側建大廚，日營萬八千僧食，食時既至，僧徒持鉢受饌"事。

〔18〕所：鎌本無此字。

〔19〕佛齒：鎌本作"佛慈"。大唐西域記卷十一僧伽羅國亦有關於此佛牙精舍之記述。

〔20〕常：磧本作"堂"。

〔21〕未出：石本作"未出王"；禪本、麗本、院本作"未出前"。

〔22〕著：鎌本作"舊"。

132

〔23〕擊皷唱言:磧本作"繫皷唱言";麗本、院本作"繫鼓唱言";津本、學本作"繫皷喝言"。

〔24〕菩薩:鎌本作"菩提薩"。

〔25〕三阿僧祇劫:石本作"三阿僧劫";鎌本作"三大阿僧祇劫"。劫(Kalpa)爲"長時"之意,謂不能以通常年月日時計算之極長時節,阿僧祇(asaṃkhyeya)爲"無數"之意,阿僧祇劫猶言無數極長之時節,三阿僧祇劫形容其更爲長久也。

〔26〕苦行:石本、麗本作"作行";鎌本作"作功德行"。

〔27〕以國妻子及挑眼與人:"國",鎌本、麗本作"國城"。關於挑眼與人之佛教神話傳説已見前〔犍陀衞國〕節,以國、妻、子與人之佛教神話傳説見六度集經卷一。

〔28〕割肉貿鴿截頭布施投身餓虎:"肉",石本、鎌本作"宍"。"貿",石本作"貧";鎌本作"資"。"鴿",鎌本作"鴒"。"餓",石本作"餧"。"虎",石本作"處"。此諸佛教神話傳説已分見前〔宿呵多國〕節及〔竺刹尸羅國〕節。

〔29〕腦:鎌本作"䐈"。

〔30〕四十五年:津本、學本、院本作"四十九年"。

〔31〕説法;鎌本作"説注"。

〔32〕不安者安:石本作"不安者"。

〔33〕泥洹已來一千四百九十七年:"年",麗本作"歲"。法顯此時在師子國,應爲義熙六年(公元410年),若上推一千四百九十七年,是以公元前1087,年爲佛泥洹年也。參見前〔陀歷國〕節注〔32〕。

〔34〕世間眼滅:世間眼者,對釋迦牟尼之尊稱,佛教謂佛能爲世人之眼,指示正道,又能開世間之眼,使見正道。世間眼滅,即言佛涅槃也。

〔35〕各各:鎌本作"冬冬"。

〔36〕餝:磧本、麗本、院本作"飾";津本、學本作"飭"。

〔37〕須大拏:佛教神話傳説,須大拏(Sudāng)爲釋迦牟尼前身。身爲太子,好施與,曾以父王大象施婆羅門,蒙譴被擯,出居山野,甚至仍以子、女施婆羅門。大唐西域記卷二健馱邏國跋虜沙城亦記其事,譯稱蘇達拏。

〔38〕睒變:睒即睒摩(Śama),睒變即演睒摩故事者。佛教神話傳説,

133

睒摩爲釋迦牟尼前身,孝盲父母,遇王出獵,誤中毒矢,感動天帝,使之康復。大唐西域記卷二健馱邏國亦載商莫迦菩薩(Samaka)之神話傳説,商莫迦即睒摩。按:法顯傳此處所云作須大拏、睒變、象王、鹿、馬等等,蓋皆演釋迦牟尼本生故事者。

〔39〕形:鎌本作"刑"。

〔40〕彩畫莊校:石本作"乘盡莊校";鎌本作"采書莊校"。

〔41〕生人:鎌本作"坐人"。

〔42〕晝夜:石本、鎌本作"盡夜"。

〔43〕精舍:鎌本無此二字。

跋提精舍

無畏精舍東四十里,有一山〔1〕。山〔2〕中有精舍,名跋提〔3〕,可有二千僧。僧中有一大德沙門,名達摩瞿諦〔4〕,其國人民皆共宗仰。住一石室中四十許年,常行〔5〕,慈心,能感蛇鼠,使同止〔6〕一室而不相害。

【校注】

〔1〕東四十里有一山:"東",鎌本作"東西"。此"一山"當指阿菟羅陀補羅城東八哩之密興多列(Mihintale),相傳摩哂陀到斯里蘭卡後於此山初會天愛帝須王,故佛教徒尊之爲聖山。

〔2〕山:麗本無此字。

〔3〕跋提:圓本、東本、開本、磧本、津本、學本、院本等均作"跋提";石本作"提"一字;鎌本作"柭提";麗本作"支提"。阿菟羅陀補羅城東密興多列山有著名古寺,曰塔山寺(Cetiyagirivihāra),相傳摩哂陀及其弟子初到斯里蘭卡即於此處石窟中坐雨安居,爲塔山寺建立之始。支提蓋即 Cetiya之對音。足立氏書(209頁)及長澤和俊氏法顯傳校注(40頁)又以爲密興多列山中有 Ambstala 精舍,跋提或爲 Ambstala 一名對音之訛略。

134

〔4〕達摩瞿諦:麥氏書第三卷(285頁)云,公元五世紀初,斯里蘭卡有高僧 Mahādharmakathin 以傳譯佛教經籍爲僧伽羅文著名,蓋即法顯傳之達摩瞿諦,達摩瞿諦與 dharmakathin 對音正相合也。

〔5〕常行:石本作"當行";鎌本作"常德"。

〔6〕止:圓本、鎌本作"上";他各本皆作"止",今據改。

摩訶毗訶羅精舍

城南七里有一精舍,名摩訶毗訶羅[1],有三千僧住。

有一高德沙門,戒行清潔,國人咸疑是[2]羅漢。臨終之時,王來省視,依法集僧而問:"比丘得道耶?"其便以實答言:"是羅漢。"既終,王即案經律,以羅漢法葬之[3]。於精舍東四、五里,積好大薪[4],縱、廣可三丈餘,高亦爾,近上著栴檀、沉水諸香木,四邊作階[5]上,持凈好白氎周帀[6]蒙積上[7]。作大轝[8]床,似此間輀車[9],但無龍魚耳。當闍維時[10],王及國人、四衆咸集[11],以華香供養。從轝[12]至墓所,王自[13]華香供養。供養訖,轝[14]著積[15]上,酥油[16]遍灌,然後燒之。火然之[17]時,人人敬心,各脱上服,及羽儀、傘蓋,遥擲火中,以助闍維。闍維已,收檢[18]取骨,即以起塔。法顯至,不及其生存,唯見葬時。

王[19]篤信佛法,欲爲衆僧作新精舍。先設大會,飯食僧[20]。供養已,乃選[21]好上牛一雙,金銀[22]、寶物莊校角上。作好金犂[23]，王自耕頃四邊[24]，然後割給民戶、田宅，書以鐵券。自是已後，代代相承，無敢廢易。

【校注】

〔1〕摩訶毗訶羅：<u>石本</u>、<u>麗本</u>、<u>院本</u>作“摩訶毗可羅”；<u>鎌本</u>作“摩訶毗呵羅”。<u>摩訶毗訶羅</u>（Mahāvihāra），<u>大唐西域記卷十一</u>同此譯名，即著名之<u>大寺</u>也。相傳<u>天愛帝須王</u>既迎<u>摩哂陀</u>至王城<u>阿㝹羅陀補羅</u>，以城南之<u>摩訶彌伽</u>（Mahāmegha）<u>王園</u>布施僧團，爲<u>大寺</u>創建之始。

〔2〕咸疑是：<u>石本</u>作“感疑是”；<u>鎌本</u>作“咸疑是是”。

〔3〕葬之：<u>石本</u>作“祭之”；<u>禪本</u>作“莽之”。

〔4〕大薪：<u>石本</u>、<u>鎌本</u>作“天薪”。

〔5〕階：<u>石本</u>作“皆”；<u>鎌本</u>作“階道”。

〔6〕白氎：<u>石本</u>、<u>鎌本</u>作“白㲲”。“白氎”，音義作“白㲝”，注云：“（㲝）正合作氎，今傳本盡作㲝，……非也。詳其義例，合是白氎，應從衣作㲝，於義亦失，今宜作氎是也。”可見<u>唐</u>時傳本亦多訛作㲝字矣。

〔7〕蒙蕢上：<u>鎌本</u>作“蒙籠蕢上”；<u>麗本</u>作“蒙積”。“蕢”，音義亦作“積”，注云：“説文云：‘積，聚也，從禾，責聲。’傳從草作蕢，俗字也。”

〔8〕舉：<u>鎌本</u>作“舁”；<u>麗本</u>作“輿”。

〔9〕輤車：<u>圓本</u>、<u>東本</u>、<u>開本</u>、<u>津本</u>、<u>學本</u>、<u>院本</u>皆作“輀車”；<u>麗本</u>作“輴車”；<u>圓本字音</u>、<u>東本字音</u>、<u>開本字音</u>、<u>磧本字音</u>、<u>資本字音</u>、<u>禪本字音</u>皆作“輀車”，注云：“上或作輀，音而，喪車也。輴（<u>磧本字音</u>此字作‘又’），市緣反，無輪（當作輴）車也。”音義作“輀車”，注云：“……説文曰：‘輀，喪車也，從車，而聲。’傳作輤，俗用，非也。”<u>段</u>注説文解字以爲作“輤”者是，音義所見<u>唐本</u>固作“輤”也。<u>石本</u>、<u>鎌本</u>皆作“輤”，今據改。

〔10〕闍維時：<u>石本</u>作“闍維等。”闍維爲巴利文 Jhāpeti 之音譯，亦譯荼毗，即涅疊般那（梵文 nirdahana 之音譯），義是焚燒，猶言火葬也。

〔11〕咸集：<u>石本</u>作“感集”。

〔12〕舉：<u>麗本</u>作“輿”。

〔13〕自:鎌本作“自散”。

〔14〕犖:石本、麗本作“犖”。

〔15〕蒢:鎌本作“蒢”。

〔16〕酥油:圓本、東本、開本、磧本、津本、學本作“蘇油”；石本、鎌本作“蒢油”；麗本、院本作“酥油”，今據改。麗本“酥油”上多一“以”字。

〔17〕之:麗本無此字。

〔18〕收檢:鎌本、麗本作“收斂”；磧本作“取檢”；津本、學本作“即檢”。

〔19〕王:鎌本作“其王”。

〔20〕僧:麗本無此字。

〔21〕選:石本作“巽”。

〔22〕銀:石本作“餘”。

〔23〕犁:石本、鎌本作“梨”。

〔24〕耕頃四邊:麗本作“耕頃墾規郭四邊”。“頃”字石本作“湏”；鎌本作“頂”。

天竺道人誦經

法顯在此國，聞天竺道人於高座〔1〕上誦經，云：“佛鉢本在毗舍離，今在揵阤衛〔2〕。竟若干百年，法顯聞誦之時〔3〕有定歲數，但今忘耳〔4〕。當復至西月氏國。若干百年〔5〕，當至于闐國〔6〕。住若干百年，當至屈茨國〔7〕若干百年，當復來到漢地〔8〕。住若干百年〔9〕，當復至師子國〔10〕。若干百年，當還中天竺。到中天已〔11〕，當上兜術〔12〕天上。彌勒菩薩見而嘆曰：‘釋迦文佛鉢至。’即共諸天華香供養七日。七日已〔13〕，還閻浮提，海龍王持〔14〕入龍宮。至彌勒將成道時，鉢還分爲四，復本頻那山[15]上。彌勒成道已，四天王，當復應念佛[16]如先[17]佛法。賢劫千佛共用此鉢[18]。鉢去已，佛法漸滅。佛法滅後，人壽轉短[19]，乃至五歲。五歲[20]之時，粳米、酥油[21]皆悉化滅，人民極惡，捉木[22]則變成刀、杖，共相傷割殺[23]。其中有福者，逃避入山，惡人相殺盡已，還復來出，共相謂言：'昔人壽極長，但爲惡甚，作諸[24]非法故，我等壽命遂爾短促[25]，乃至五歲[26]。我今共行諸善，起慈悲心，修行仁義[27]。'如是各行信儀[28]，展轉壽倍，乃至八萬歲。彌勒出世，初轉法輪[29]時，先度釋迦遺法[30]弟子、出家人及受三歸、五戒、齋法，供養三寶者[31]，第二、第三次度有緣者。"法顯爾時欲寫此經，其人云："此無經本，我止[32]口誦耳。"

【校注】

〔1〕座：石本、鐮本作"坐"。

〔2〕捷陁衛：石本作"建陁衛"；鐮本作"氏捷陁衛"。

〔3〕之時：麗本作"時"。

〔4〕今忘耳：東本、開本作"今忘"；石本、鐮本作"念亡"。

〔5〕年：石本作"千"。

〔6〕于闐國：石本、鐮本作"于殿國"。

〔7〕屈茨國：圓本字音、磧本字音注："別名龜兹"。

〔8〕當復來到漢地：麗本作"當復至師子國"。

〔9〕住若干百年：東本、開本作"住若干年"；麗本作"若干百年"。

〔10〕當復至師子國：麗本作"當復來到漢地"。

〔11〕到中天已：麗本作"已"。

〔12〕術:鎌本作“率”。

〔13〕已:鎌本無此字。

〔14〕持:麗本作“將”。

〔15〕頻那山:石本作“頻那出”;麗本作“頻那山”。頻那山,翟氏書(74頁)及足立氏書(214頁)皆以爲是毗那吒迦山(Vinataka)音譯之略。據瑜伽師地論卷二,蘇迷盧山(參看前〔弗樓沙國〕節注〔15〕)四周有七山七海,更外乃有閻浮提等四洲,七山皆爲四天王所居及所屬邑落,毗那吒迦即爲七山中之一山。佛初成道,四天王各獻石鉢與佛,佛皆受之,合爲一鉢,是即佛鉢也。此時佛鉢分四,復還毗那吒迦山上。

〔16〕當復應念佛:鎌本作“當復應念奉佛”。

〔17〕先:石本作“光”。

〔18〕此鉢:石本作“此”;麗本作“一鉢”。

〔19〕短:石本、鎌本作“捉”(同短字)。

〔20〕五歲:圓本、磧本、資本、禪本、津本、學本、院本作“十歲”;東本、開本、石本、鎌本、麗本、作“五歲”,今據改。

〔21〕酥油:石本、鎌本作“蘇油”。

〔22〕捉木:麗本作“捉草木”。

〔23〕相傷割殺:東本、開本、鎌本、麗本作“相傷割”;石本作“相復割”。

〔24〕作諸:麗本作“作”。

〔25〕短促:石本、鎌本作“捉促”。

〔26〕五歲:同注〔20〕。

〔27〕仁義:麗本作“信義”。

〔28〕信儀:麗本作“信義”;院本作“仁義”。

〔29〕法輪:石本作“法轉”。

〔30〕遺法:石本、麗本作“遺法中”;鎌本作“貴法中”。

〔31〕及受三歸五戒齋法供養三寶者:“齋法”,麗本作“八齋法”。佛教稱佛、法、僧爲三寶,“三歸”即歸依三寶。“五戒”即不殺生,不偷盗,不邪淫,不妄語,不飲酒。“齋法”即八戒齋,已見前〔伽耶城,貝多樹下〕節注〔92〕。

〔32〕止:東本、開本、石本、鎌本作“正”;麗本作“心”。

139

更得經本

法顯住此國二年[1]，更求得彌沙塞律藏本[2]，得長阿含[3]、雜阿含[4]，復得一部雜藏[5]。此悉漢土所無者。

【校注】

[1]住此國二年：當爲義熙六年（公元410年）及七年（公元411年）。

[2]彌沙塞律藏本："沙"字，鎌本誤作"勒"。此六字，出三藏記集卷三彌沙塞律記引文作"彌沙塞律梵本"。按：佛家律有五部，曰：曇無德部（Dharmagupta）；薩婆多部（Sarvāstivāda）；彌沙塞部（Mahiśasaka）；迦葉遺部（Kaśyapīya）；婆麤富部（Vātsīputrīya）。此云"彌沙塞律"即彌沙塞部之律本。出三藏記集卷二法顯名下著錄云："彌沙塞律，梵文，未譯。"此云"未譯"者，特法顯生前未親自譯出耳。同書卷二續云："彌沙塞律，三十四卷，即釋法顯所得梵本，以宋景平元年（公元423年）七月譯出，已入律錄。"高僧傳卷三佛馱什傳曰："佛馱什，此云覺壽，罽賓人，少受業於彌沙塞部僧，……以宋景平元年七月屆於楊州。先，沙門法顯於師子國得彌沙塞律梵本，未及翻譯而法顯遷化（按：據此可見法顯卒於景平元年七月之前），京邑諸僧聞什既善此學，於是請令出焉。以其年冬十一月集於龍光寺，譯爲三十四卷，稱爲五分律。什執梵文，于闐沙門智勝爲譯，龍光道生、東安慧嚴共執筆參正，宋侍中琅邪王練爲檀越，至明年四月方竟。"開元錄卷五佛陀什名下亦稱此爲五分律，即今大藏經中所收彌沙塞部和醯五分律是也。今本作三十卷。

[3]長阿含：出三藏記集卷二法顯名下著錄云："長阿含經，梵文，未譯。"此但言法顯帶歸此經經本未譯出耳。同書同卷佛陀耶舍名下著錄云："長阿含經，二十二卷，秦弘始十五年（公元413年）出，竺佛念傳譯。"同書卷十四佛陀耶舍傳又記其"出長阿含經，……涼州沙門竺佛念譯爲秦言，道含執筆。"按：法顯是時在師子國得長阿含，尚在佛馱耶舍等於長安

140

譯出此經之前,固不知此經另有傳本流入長安,法顯傳下文中言"漢土所無"者,由此故也。至於佛陀耶舍共竺佛念譯之長阿含經,二十二卷,即今大藏經中所收者。

〔4〕雜阿含:出三藏記集卷二法顯名下著録云:"雜阿含經,梵文,未譯。"蓋此經至法顯身後始譯出也。高僧傳卷三求那跋陀羅傳云:"求那跋陀羅,此云功德賢,中天竺人,……(宋)元嘉十二年(公元435年)至廣州,……既至京都,……初住祇洹寺,……頃之,衆僧共請出經,於祇洹寺集義學諸僧譯出雜阿含經。"歷代三寶紀卷十求那跋陀羅名下著録云:"雜阿含經,五十卷,於瓦官寺譯,法顯齎來。"又記求那跋陀羅之譯雜阿含等經,寶雲傳語,慧觀筆受。今大藏經中所收雜阿含經,即此本也。

〔5〕雜藏:即今大藏經中所收法顯譯之佛説雜藏經。出三藏記集卷二法顯名下著録云:"雜藏經,一卷。"歷代三寶紀卷七法顯名下著録云:"雜藏經,一卷,與鬼問目連、餓鬼報應、目連説地獄餓鬼因緣等四本同體,異名別譯。"開元録卷十三云:"餓鬼報應經,一名目連説地獄餓鬼因緣經。"又云:此經"前後四譯,一譯闕本"。

五　浮海東還

自師子國到耶婆提國

　　得此梵本[1]已，即載商人大船[2]，上可有二百餘人。後係一小船[3]，海行艱嶮，以備大船[4]毀壞。得好信風[5]，東下二日[6]，便值大風。船[7]漏水入。商人欲趣小船[8]，小船[9]上人恐人來多，即斫絚斷[10]，商人大怖，命在須臾[11]，恐船[12]水漏[13]，即取麁財貨擲著水中。法顯亦以君墀[14]及澡罐[15]并餘物棄擲海中，但恐商人擲去經像，唯一心念觀世音及歸命漢地衆僧："我遠行求法，願威神歸流，得到所止[16]。"如是大風晝夜十三日，到一島邊[17]。潮退之後，見船漏處，即補塞之。於是復前。

　　海中[18]多有抄賊，遇輒無全。大海彌漫無邊，不識東西，唯望日、月、星宿而進。若陰雨[19]時，爲逐[20]風去，亦無准[21]。當夜闇時，但見大浪相搏，晃然[22]火色，黿、鼉[23]水性怪異之屬，商人荒遽[24]，不知那向[25]。海深無底，又無下石住處[26]。至天晴已，乃知

142

東西,還復望正[27]而進。若值伏石,則無活路。

如是九十日許[28],乃到一國,名耶婆提[29]。

【校注】

〔1〕梵本:石本、鎌本作"胡本"。

〔2〕船:麗本作"舶"。

〔3〕船:麗本、院本作"舶"。

〔4〕船:麗本作"舶"。

〔5〕得好信風:足立氏書(219頁)云:"法顯東航約十五日,漂流九十日許,留耶婆提國五月。翌年四月十五日(按:應作十六日)出航耶婆提國,由此逆推,則其出發師子國當爲義熙七年(西曆411年)八月頃。義熙七年八月正當西曆411年九月(陽曆),恰爲西南季候風之末期,已屬季候風之轉換期矣。此際常有旋風來襲,風起不定,頗不利於航行。故此際法顯乘信風出發,忽大風襲來,遂遇九十日許漂流之難。"

〔6〕二日:石本、鎌本、麗本作"三日"。

〔7〕船:麗本作"舶"。

〔8〕同上。

〔9〕同上。

〔10〕斫緪斷:"斷",石本作"斳"。"緪",法顯傳各本皆作"絙",兹依前〔陀歷國〕節注〔21〕改作"緪"。

〔11〕命在須臾:石本作"命存須申"。

〔12〕船:麗本、院本作"舶"。

〔13〕漏:鎌本、襌本、麗本、院本作"滿"。

〔14〕君墀:津本、學本作"軍持";院本作"軍墀"。君墀(Kuṇḍikā),水瓶也。

〔15〕澡罐:圓本、東本、開本、磧本、津本、學本作"澡灌";石本、鎌本作"滲灌";麗本、院本作"澡罐",今據改。

〔16〕止:石本、鎌本作"上"。

〔17〕到一島邊:石本、鎌本作"到一鳥邊"。關於此島,皮氏書(167頁注〔4〕)以爲無可考,理氏書(112頁)及翟氏書(77頁)亦未作考釋。足立

氏書(220頁)以爲可能是今尼科巴羣島(Nicobar Is.)中之一島。

〔18〕海中:鎌本作"海"。

〔19〕陰雨:石本作"隘雨"。

〔20〕逐:鎌本作"遂"。

〔21〕無准:石本、鎌本作"无所准";麗本作"無所准"。

〔22〕晃然:石本作"日光";麗本作"晃若"。

〔23〕鼉:圓本、東本、開本、石本、鎌本、磧本、院本皆作"鼉";麗本、津本、學本作"鼉",又圓本字音、磧本字音亦作"鼉",注云音陀,今據改。

〔24〕荒邃:麗本作"荒憀";圓本字音、磧本字音作"慌邃"。

〔25〕那向:鎌本作"所向"。

〔26〕下石住處:石本、鎌本作"下石柱處"。下石或下石柱,蓋謂下石錨也。

〔27〕正:鎌本似作"昍"。此下鎌本有二十餘字殘壞,至"婆"字始可辨認。

〔28〕九十日許:麗本作"九十許日"。高僧傳卷三法顯傳云,法顯自師子國"附商人大舶循海而還,舶有二百許人,值暴風水入,衆皆惶懅,即取雜物棄之,……舶任風而去,得無傷壞,經十餘日,達耶婆提國"。取以相對,此"九十日許"似失之太久。然法顯傳上文云:"海中多有抄賊,遇輒無全。"皮氏書(167頁注〔5〕)以爲此當指亞齊頭(Acheen Head,位於今蘇門答臘島西北角)一帶之海盜而言,此等海盜直至皮氏成書時(公元1869年)尚爲附近商船因無風而停止前進時之大患。又,塞爾曼(R. R. Sellman)東方歷史簡要地圖(An Outline Atlas of Eastern History)第十二圖,亦注出公元第五世紀時,今馬六甲海峽之航路,爲馬來海盜所阻塞,海舶航行,多改道繞過蘇門答臘之外方(即南方)而東進,通過今巽他海峽北上。按:法顯過此,正當公元第五世紀初期,因避海盜而如此繞道,勢必增加航行時間,則"九十日許"固亦爲事理所容許也。

〔29〕耶婆提:據成書於公元前後之印度大史詩羅摩衍那(Rāmāyaṇa)中説,東方有一名爲 Yava-dvīpa(大麥島)的地方;公元二世紀時埃及亞歷山大城的著名地理家托勒密(Ptolemy)在其所著的地理書中則稱之爲 Iabadiou(即 Yava-dvīpa 之異寫)。我國後漢書卷六、卷一一六中,曾記順

144

帝永建六年(公元 131 年)有"日南徼外葉調國……遣使貢獻"。法顯傳此處之耶婆提，與葉調、Yava-dvīpa、Iabadiou 同名異寫，皆是一地。此地今爲何地，諸家解說不一，或以爲指今爪哇(如馮承鈞譯伯希和 Paul Pelliot 所著交廣印度兩道考 86—90 頁)，或以爲指今蘇門答臘島(如馮承鈞譯費瑯 G. Ferrand 所著蘇門答臘古國考 93—97 頁)。注釋法顯傳者，如皮氏書(168 頁)及翟氏書(78 頁)皆以比爲今爪哇，足立氏書(222 頁)則又以此爲今蘇門答臘東部。按：爪哇、蘇門答臘二島毗連，古時之葉調，yava-dvīpa, Iabadiou, 耶婆提，得爲此二島之共同名稱。但本傳下文言法顯其後乘船自耶婆提出發擬前往廣州，係取"東北"方向，則似以從蘇門答臘東部啓程爲較合。

自耶婆提歸長廣郡界

其國外道、婆羅門興盛，佛法不足言。

停此國五月日，復隨他商人大船[1]，上亦二百許人，賫五十日粮，以四月十六日發。法顯於船上安居[2]。東北行，趣廣州。

一月[3]餘日，夜鼓二時，遇黑風暴雨[4]。商人、賈客皆悉惶怖，法顯爾時亦一心念觀世音及漢地衆僧。蒙威神祐，得至天[5]曉。曉[6]已，諸婆羅門議言："坐載此沙門，使我不利，遭此大苦。當下比丘置海島邊[7]。不可爲一人令我等危嶮[8]。"法顯本檀越[9]言："汝若下此比丘，亦并下我[10]！不爾，便當殺我！汝其[11]下此沙門[12]，吾[13]到漢地，當向國王言汝也。漢地王亦敬信佛法，重比丘僧。"諸商人躊躇，不敢便下。

于時天多連陰，海師[14]相望僻誤，遂經七十餘日。

糧食、水漿欲盡,取海鹹水作食。分好水,人〔15〕可得二升,遂便欲盡。商人議言:"常行時正〔16〕可五十日便到廣州,爾今已過期多日〔17〕,將無〔18〕僻耶?"即便西北行求岸,晝夜十二日,到〔19〕長廣郡〔20〕界牢山〔21〕南岸,便得好水、菜〔22〕。但經涉險難,憂懼積日〔23〕,忽得至此岸,見藜藿〔24〕依然,知是〔25〕漢地。

【校注】

〔1〕船:麗本作"舶"。

〔2〕船上安居:"船",麗本作"舶"。此船上安居,爲法顯西行後第十四年即義熙八年(公元412年)之夏坐。

〔3〕一月:石本作"二三"。

〔4〕黑風暴雨:石本作"里風暴雨";鎌本作"黑風異雨"。

〔5〕天:鎌本無此字。

〔6〕曉:石本無此字。

〔7〕海島邊:石本作"海鳥邊";鎌本作"海邊"。

〔8〕嶮:院本作"險"。

〔9〕本檀越:東本、開本、石本、鎌本、麗本無"本"字。"檀越"已見前〔乾歸國、耨檀國、張掖鎮、燉煌〕節注〔9〕。

〔10〕亦并下我:石本作"并下我亦"。

〔11〕汝其:鎌本作"汝若";麗本作"如其"。

〔12〕沙門:石本作"沙聞"。

〔13〕吾:石本作"乎"。

〔14〕海師:即後世海船上掌管行船方向之舵師。

〔15〕人:石本、鎌本作"又"。

〔16〕正:石本、鎌本、麗本作"政"。

〔17〕爾今已過期多日:石本作"爾今也遇期多日";鎌本作"今已遇期多日";麗本作"今已過期多日"。

146

〔18〕無:石本無此字。

〔19〕到:磧本、津本、學本無此字。

〔20〕長廣郡:東晉長廣郡,屬北青州,領縣四,治不其(故治在今山東嶗山縣北)。

〔21〕牢山:石本作"牢止";鎌本作"牢山"。牢山即嶗山,在今山東嶗山縣東。南臨黃海,東對嶗山灣。

〔22〕好水菜:石本作"如來菜"。

〔23〕憂懼積日:東本、開本作"處懼積日";石本作"憂積日"。

〔24〕藜藿:圓本、磧本、資本、禪本作"藜藿菜";東本、開本、石本作"藜藿";鎌本作"藜藿";麗本、津本、學本、院本作"藜藿菜";圓本字音、東本字音、開本字音、資本字音、磧本字音、禪本字音及音義皆作"藜藿",今據改。按:史記太史公自序:"糲粱之食,藜藿之羹。"法顯此處所言藜藿二字,蓋以泛稱當時所見一般可供食用的種植物。

〔25〕知是:石本作"知見"。

南下向都

然不見人民及行跡,未知是何許[1]。或言未至廣州,或言已過[2],莫知所定。即乘小船[3],入浦覓人,欲問[4]其處。得兩獵人[5],即將歸,令法顯譯語問之。法顯先安慰之,徐問:"汝是何[6]人?"答[7]言:"我是佛弟子。"又問:"汝入山何所求[8]?"其便詭言[9]:"明當七月十五日,欲取桃臘佛[10]。"又問:"此是何國?"答言:"此青州長廣郡界,統屬晉家[11]。"聞已,商人歡喜[12],即乞其財物,遣人往長廣[13]。

太守[14]李嶷敬信佛法,聞有沙門持經像[15]乘船汎海而至[16],即將人從至[17]海邊,迎接經像,歸至郡

147

治。商人於是還向楊州〔18〕。劉沇青州〔19〕請法顯一冬、一夏〔20〕。夏坐〔21〕訖，法顯遠離〔22〕諸師久〔23〕，欲趣長安。但所營事重，遂便南下向都〔24〕，就禪師〔25〕出經律〔26〕。

【校注】

〔1〕何許：石本作“許”。

〔2〕已過：石本作“已遇”。

〔3〕船：麗本作“舶”。

〔4〕問：石本作“聞”。

〔5〕獵人：石本作“獦人”；鎌本作“獦人”。

〔6〕何：石本作“付”。

〔7〕答：石本作“若”。

〔8〕何所求：石本作“答所何求”。

〔9〕詭言：圓本、東本、開本、鎌本、資本、禪本、院本作“説言”；石本、磧本、麗本、津本、學本、圓本字音、東本字音、開本字音、資本字音、禪本字音皆作“詭言”，今據改。

〔10〕臘佛：石本、鎌本作“騰佛”。謂於夏末七月十五日舉行法會，施齋供僧，以求救濟死者，即所謂“盂蘭盆”（ullambana）也。

〔11〕統屬晉家：圓本、石本、鎌本、磧本、資本、禪本、津本、學本作“統屬劉家”，石本“統”作“繞”；東本、開本、麗本、院本作“統屬晉家”，今據改。按：法顯至牢山時，尚是東晉之世，雖劉裕已專國政，然無作統屬劉家之理。作統屬劉家者，蓋法顯傳成書後不久劉宋即取代東晉，傳寫時所改也。

〔12〕商人歡喜：石本作“高人歎喜”。

〔13〕長廣：麗本作“長廣郡”。

〔14〕太守：石本作“大守”。

〔15〕經像：鎌本作“種種經像”。

〔16〕乘船汎海而至：麗本作“乘船泛海而至”。

〔17〕人從至:鐮本、麗本作"人從來至"。

〔18〕商人於是還向楊州:"楊州",石本、鐮本、麗本、津本、學本、院本作"揚州"。東晉楊州治建康(今江蘇南京市),大體領有今江蘇、安徽兩省長江以南部分及浙江全省之地。此言商人等仍由海上向楊州南航也。

〔19〕劉沇青州:圓本、東本、開本、磧本、資本、禪本、津本、學本作"劉法青洲";石本、鐮本作"劉青法州";麗本作"到青州";院本作"留法青州"。足立氏書(230—231頁)云,"法"爲"沇"字之誤,沇即兗字,"劉沇青州"即"劉兗青州"。又云,資治通鑑義熙八年(公元412年)九月,"北徐州刺史劉道憐爲兗、青二州刺史,鎮京口(故址在今江蘇鎮江市)",法顯傳此處之"劉兗青州",即劉道憐。按:足立喜六之言,爲一種合理之推論,今據改作"劉沇青州"。

〔20〕請法顯一冬一夏:石本作"諸法顯一冬一憂";"夏",鐮本作"复"。關於此句之解釋,足立喜六以爲法顯亦隨商人航海南至楊州境內,受劉道憐之請,在京口過一冬一夏(即義熙八年之一冬至義熙九年之一夏)。湯用彤以爲不然,謂此一冬一夏,法顯不在京口,實在彭城(今江蘇徐州市)。湯氏言:"水經注泗水篇云:'又東南過彭城縣東北。泗水西有龍華寺,是沙門釋法顯遠出西域浮海東還持龍華圖首創。此制法流中夏,自法顯始也。其所持天竺二石,仍在南陸東基堪中,其石尚光潔可愛。'……據此,法顯在牢山上陸後,必係由陸路南下,道過彭城,並在此逗留頗久,因而有故事之遺傳。又按宋書五十一劉道憐傳,謂道憐於義熙七年加北徐州刺史,移鎮彭城。合以通鑑所載,則道憐七年在彭城,至八年九月十三日奉命爲兗、青州刺史,至早在此月後,移鎮京口。而法顯則疑於八年七月中在長廣郡。郡守李嶷或即李安民之祖父(安民幼在山東,且信佛法)。自劉裕收復青、徐州後,北方倚道憐爲重鎮,李嶷或原爲劉家部將,彼既見法顯,因資助其南往彭城見道憐。其時道憐尚未南去,因留供養(或即住於龍華寺)。及道憐去後,劉懷慎以輔國將軍監北徐州諸軍事,鎮彭城(宋書卷四十五)。此地仍屬劉裕勢力範圍(故傳文謂統屬劉家,亦是實錄),自有人資給。而彭城西通關、洛,(劉裕義熙十三年即自彭城西進伐秦),法顯在彭城安居之暇,徘徊岐路,故欲西趣長安,亦與事勢相合。但因彭城以南,均屬晉土,自此發迹下都,其事順便,故於九年遂南下,約在秋冬之際到達也。按:道憐在義熙十一年,始解兗、青刺史。而依作者

149

〔指足立喜六〕意,法顯傳作於十年,書中稱道懿爲‘劉兗青州’,固亦無不可也。”(見評考證法顯傳,載往日雜稿26—30頁)湯氏之説是也。

〔21〕夏坐:石本、鎌本作“坐”。自發跡長安之年(公元399年)計算,此爲法顯西行以來第十五年即義熙九年(公元413年)之夏坐。

〔22〕遠離:金本(記引)、麗本作“離”。

〔23〕久:鎌本作“已久”。

〔24〕向都:金本(記引)作“回都”。此所云“都”,即東晉之首都建康(今江蘇南京市)。

〔25〕禪師:津本、學本、院本作“諸師”。按:出三藏記集卷十五法顯法師傳載,法顯在長廣郡牢山南岸登陸後,“獵人還以告太守李嶷,嶷素敬信,忽聞沙門遠至,躬自迎勞,顯持經像隨還。頃之欲南歸,時刺史請留過久(磧砂藏本“過久”二字作“過冬”,茲依頻伽藏本改“過久”),顯曰:‘貧道投身於不返之地,志在弘通,所期未果,不得久停。’遂南造京師就外國禪師佛馱跋陀,於道場寺譯出六卷泥洹、摩訶僧祇律、方等泥洹經、綖經、雜阿毗曇心,未及譯者,垂有百萬言。……”法顯傳此處之禪師即指佛陀跋陀羅(即佛馱跋陀,亦即覺賢)。津本等作“諸師”者蓋非。

〔26〕經律:東本、開本、石本、鎌本作“律”;金本(記引)、麗本作“經律藏”。

結　語

法顯發長安,六年到中國,停六年,還三年達青州[1]。凡所遊歷[2],減三十國[3]。沙河[4]已西,迄于[5]天竺,衆僧威儀法化之美[6],不可詳説。竊惟諸師來[7]得備聞,是以不顧微命,浮海而還,艱難具更[8],幸蒙三尊威靈[9],危而得濟,故竹帛[10]疏所經歷,欲令賢者同其聞見。是歲甲寅[11]。

【校注】

〔1〕法顯發長安六年到中國停六年還三年達青州："中國"，麗本作
"中印國"；"停六年"，金本（記引）、麗本作"停經六年"；"還三年"，金本
（記引）、麗本作"還經三年"；"青州"，石本作"青洲"。按：此特大概言之
耳。自公元399年發長安，約404年至中天竺（中國）摩頭羅國爲六年；約
404年至摩頭羅國，至409年離多摩梨帝國海口而就歸途爲六年；住師子
國二年，更在海上航行約一年而於412年到達北青州長廣郡界牢山南岸
爲三年。

〔2〕遊歷：石本、鎌本、麗本作"遊履"。

〔3〕減三十國："減"，鎌本作"咸"。此所謂三十國者亦大概言之耳。
法顯傳所載者，自沙河已西，即有：

鄯善國	竭叉國	竺刹尸羅國
焉夷國	陀歷國	弗樓沙國
于闐國	烏萇國	那竭國
子合國	宿呵多國	羅夷國
於麾國	犍陀衛國	跋那國
毗荼國	（迦維羅衛城）	拘睒彌國
摩頭羅國	藍莫國	（達嚫國）
僧伽施國	（拘夷那竭城）	瞻波國
（罽饒夷城）	毗舍離國	多摩梨帝國
沙祇大國	摩竭提國	師子國
拘薩羅國	迦尸國	耶婆提國

如除去達嚫國未親到不計，罽饒夷、迦維羅衛、拘夷那竭皆稱城不計，耶婆
提國爲歸途所經亦不計外，共得二十八國，可以符合傳文"減三十國"之
數。然記述迦維羅衛之文中有"迦惟羅衛國大空荒"一語，則亦以國稱之
也。

〔4〕沙河：石本作"沙何"。

〔5〕迄于：石本作"迄于未"。

〔6〕法化之美：石本作"法化之养"；鎌本作"法則之義美"。

〔7〕來：金本（記引）、麗本、津本、學本、院本作"未"。

〔8〕艱難具更:石本作"難難具更";鎌本作"難艱不可具宣"。

〔9〕三尊威靈:石本少"威"字。三尊同三寶,即佛、法、僧也。

〔10〕故竹帛:東本、開本、石本、鎌本作"故竹陌";金本(記引)作"故昔";麗本作"故將竹帛"。

〔11〕是歲甲寅;"是歲甲寅"四字,圓本、東本、開本、磧本、資本、禪本、津本、學本、院本皆另分出一行,加於下一節跋文之首;石本、鎌本、麗本則不另分行,仍與上文及下文連寫。"寅",鎌本作"宣"。足立氏書(236頁)云:"'是歲甲寅'之句,應在正文之末,係法顯紀錄紀行完竣之年,即義熙十年之謂也。"

跋

　　晉義熙十二年,歲在壽星[1],夏[2]安居末,慧遠迎法顯道人[3]。既至,留共冬[4]齋。因講集之際[5],重問遊歷。其人恭順,言輒依實。由是先所略者,勸令詳載。顯復具叙始末。自云:"顧尋所經,不覺心動[6]汗流。所以乘危履嶮[7],不惜此形者,蓋是志有所存[8],專其愚直,故投命於不必全之地[9],以達[10]萬一之冀。"於是感歎斯人,以爲古今罕有。自大教[11]東流,未有忘身求法如顯之比。然後知誠[12]之所感,無窮[13]否而不通;志之所獎[14],無功業而不成。成[15]夫功業者,豈不由忘失所重[16],重夫所忘者哉!

【校注】

　　〔1〕晉義熙十二年歲在壽星:金本(記引)、麗本作"晉義熙十二年矣歲在壽星";石本作"晉義照十二年歲壽星"。"壽星"爲十二星次之一,在十二支中爲辰。義熙十二年(公元416年)爲丙辰歲,故云"歲在壽星"。自此以下爲本書跋文。按:出三藏記集卷三婆羸富羅律記云:"沙門釋法顯……以晉義熙十二年歲次壽星十一月,共天竺禪師佛馱跋陀,於道場寺譯出,至十四年二月末乃訖。"(婆羸富羅律即摩訶僧祇律,佛馱跋陀即佛

153

陀跋陀羅。)可知義熙十二年冬齋之際,法顯方在建康道場寺從事譯經,然則此跋文之題者,蓋道場寺僧人,更就文中語氣觀之,尤可能即當時法顯之檀越也。

〔2〕夏:石本作"憂";鎌本作"复"。

〔3〕慧遠迎法顯道人:"慧遠"二字唯鎌本獨有,今據補。按:鎌本所保留此二字甚可貴,蓋由此可知迎法顯入道場寺,乃出於慧遠。東晉末年江南出經甚盛,慧遠提倡之力爲多。慧遠先已識覺賢(即佛陀跋陀羅),此時法顯自天竺新攜經律歸,故急於迎其至道場寺與覺賢合作譯經也。傳稱慧遠居廬山三十餘年,"影不出山,跡不入俗",此云迎者,非親迎,特促成其事耳。慧遠卒年有二説,高僧傳卷六謂其卒於義熙十二年(416年)八月六日,年八十三;謝靈運廬山慧遠法師誄(廣弘明集卷二十三)謂其卒於義熙十三年(417年)八月六日,年八十四。今從鎌本,似以謝氏之説爲是。

〔4〕冬:石本作"各"。

〔5〕際:石本作"降";麗本作"餘"。

〔6〕心動:東本、開本作"心之";金本(記引)作"心歡";石本作"不心勸"。

〔7〕嶮:禪本、麗本、津本、學本、院本作"險"。

〔8〕所存:鎌本作"存所"。

〔9〕不必全之地:金本(記引)、麗本作"必死之地"。

〔10〕以達:鎌本作"以幸"。

〔11〕大教:鎌本作"大牧"。

〔12〕誠:石本、鎌本作"識"。

〔13〕窮否:金本(記引)作"竊否";石本作"窮不口"。

〔14〕獎:東本、開本、金本(記引)、麗本、院本作"將";資本作"奬"。

〔15〕成:金本(記引)不複出此字。

〔16〕忘失所重:金本(記引)作"夫所重";麗本作"忘夫所重"。

附　　録

　　附録(一)所收是出三藏記集中的法顯法師傳,記法顯的一生,可以補專記歷遊天竺經過的法顯傳之不足。

　　法顯之赴天竺,自長安出發時同行的有慧景、道整、慧應、慧嵬四人,至張掖又加入智嚴、慧簡、僧紹、寶雲、僧景五人,共十人。在于闐又出一慧達,計十一人(離于闐時又出一僧韶,當即僧紹之異寫,故不計)。但一路上先後別去或死去多人:其別去者,在焉夷爲智嚴、慧簡、慧嵬,在于闐爲僧紹,在弗樓沙爲慧達、寶雲、僧景;其死去者,在弗樓沙爲慧應,在小雪山爲慧景。唯道整和法顯同達摩揭提國巴連弗邑,但以後道整即留此不歸。故求得經律,自巴連弗邑東歸晉土者,僅法顯一人了。以上除法顯及途中死去二人以外,尚有八人。八人中有傳記可考的,唯智嚴、寶雲兩人,這兩人在我國佛教史上也都是占有重要地位的。故將出三藏記集中的智嚴法師傳和寶雲法師傳錄出,作爲附錄(二)、(三)。

　　附錄(四)是出三藏記集所載的法顯得本出經錄;附錄(五)是法顯所譯六卷泥洹的出經後記;附錄(六)是法顯所譯摩訶僧祇律的出經後記;附錄(七)也是有關摩訶僧祇律及法顯傳譯此律的記錄;附錄(八)是有關法顯帶歸的彌沙塞律及佛陀什、竺道生等譯出此律的記錄。這幾篇都和法顯傳有密切關係,故收入以供參閱。

以上各篇附錄皆據影印宋磧砂藏經本，並參用頻伽藏本校核。

附錄的最後一篇，即附錄（九），是參考書目。

〔補記〕 高僧傳卷十三有釋慧達傳，其俗名爲劉薩河，約公元345年以前生。續高僧傳卷二十五亦有釋慧達傳，其俗名爲劉窣和，約公元436年以後死，可見其年壽甚高。此慧達事跡，亦見廣弘明集卷十五、釋迦方志卷下、集神州三寶感通錄卷上、法苑珠林卷八十六（引冥祥記）等處，劉薩河之"河"字，方志及感通錄作"何"，珠林作"荷"。但因諸書皆不言此慧達曾遊天竺，故前人遂未能推定此慧達與法顯傳中在于闐至弗樓沙一段行程中曾同法顯結伴之慧達即爲一人。近文物1983年第6期載史葦湘劉薩訶與敦煌莫高窟一文，介紹對巴黎所藏敦煌石窟遺書P.2680、3570、3727三本劉薩訶和尚因緣記之最近研究情況，可知此劉薩訶和尚即上舉高僧傳等書之慧達。他本是今陝北或山西西部一帶的稽胡族人（源出南匈奴），年三十一出家，廣遊長江下游南岸許多地方，其後西北行，曾參與莫高窟的興建，尤以曾預言"涼州瑞像"一事（即預言將有一石佛像出現於武威附近御谷山，而後竟實現的神話傳說）而著名於今陝、甘一帶，今莫高窟中尚保存有和他有關的"涼州瑞像龕"和壁畫等遺跡。因緣記中說："和尚（即劉薩訶，亦即慧達）西至五天（竺），曾感佛鉢出現。"這與法顯傳所載慧達情況完全相合，可知法顯傳之慧達，即此佛教史中著名的劉薩訶和尚。而法顯同行諸人中，除智嚴、寶雲外，慧達事迹亦頗可考也。

1983年9月24日補記

156

（一）　法顯法師傳[1]

　　釋法顯本姓龔，平陽武陽人也。法顯三兄并韶齔而亡，其父懼禍及之，三歲便度爲沙彌。居家數年，病篤欲死，因送還寺，信宿便差，不復肯歸，母欲見之不能得，爲立小屋於門外，以擬去來。十歲遭父憂，叔父以其母寡獨不立，逼使還俗。顯曰：“本不以有父而出家也。正欲遠塵離俗，故入道耳。”叔父善其言，乃止。頃之母喪，至性過人，葬事既畢，仍即還寺。嘗與同學數十人於田中刈稻，時有饑賊欲奪其穀，諸沙彌悉奔走，唯顯獨留，語賊曰：“若欲須穀，隨意所取。但君等昔不布施，故此生饑貧，今復奪人，恐來世彌甚。貧道預爲君憂，故相語耳。”言訖即還。賊棄穀而去。衆僧數百人莫不歎服。二十受大戒，志行明潔，儀軌整肅。

　　常慨經律舛闕，誓志尋求，以晉隆安三年與同學慧景、道整、慧應、慧嵬等發自長安。西度沙河，上無飛鳥，下無走獸，四顧茫茫，莫測所之，唯視日以准東西，人骨以標行路耳。屢有熱風、惡鬼，遇之必死。顯任緣委命，直過險難。有頃，至葱嶺，嶺冬夏積雪，有惡龍吐毒風，雨沙礫。山路艱危，壁立千仞，昔有人鑿石通路，傍施梯道，凡度七百餘梯，又躡懸絙過河數十餘處。仍度小雪山，遇寒風暴起，慧景嚗戰不能前，語顯云："吾其死矣，卿可時去，勿得俱殞。"言絕而卒。顯撫之號泣曰："本圖不果，命也奈何！"復自力孤行，遂過山險。凡所經歷，三十餘國。至北天竺[2]，未至王舍城三十餘里，有一寺，逼暮仍停。明旦，顯欲詣耆闍崛山。寺僧諫曰："路甚艱嶮，且多黑師子，亟經噉人，何由可至！"顯曰："遠涉數萬，誓到靈鷲。寧可使積年之誠既至而廢耶！雖有嶮難，吾不懼也。"衆莫能止，乃遣兩僧送之。顯既至山中，日將曛夕，遂欲停宿，兩僧危懼，捨之而還。顯獨留山中，燒香禮拜，翹感舊跡，如覩聖儀。至夜，有三黑師子來蹲顯前，舐脣搖尾。顯誦經不輟，一心念佛。師子乃低頭下尾，伏顯足前，顯以手摩之，呪曰："汝若欲相害，待我誦竟；若見試者，可便退去。"師子良久乃去。明晨還反，路窮幽深，榛木荒梗，禽獸交橫，正有一逕通行而已。未至里餘，忽逢一道人，年可九十，容服麤素，而神氣俊遠。雖覺其韻高，而不悟是神人。須臾進前，逢一年少道人，顯問："向逢一老道人，是誰耶？"答曰："頭陀弟子大迦葉也。"顯方惋慨良久。既至山前，有一大石橫塞室口，遂不得入，顯乃流涕致敬而去。又至迦施國，精舍裏有白耳龍，與衆僧約，令國內豐熟，皆

158

有信効。沙門爲起龍舍，并設福食，每至夏坐訖日，龍輒化作一小虵，兩耳悉白。衆咸識是龍，以銅盂盛酪置於其中，從上座至下行之，遍乃化去。年輒一出，顯亦親見此龍。後至中天竺，於摩竭提巴連弗邑阿育王塔南天王寺，得摩訶僧祇律，又得薩婆多律抄、雜阿毗曇心、綖經[3]、方等泥洹等經。顯留三年，學梵書梵語，躬自書寫。於是持經像寄附商客，至師子國。顯同旅十餘，或留或亡，顧影唯己，常懷悲慨，忽於玉像[4]前見商人以晉地一白團扇供養，不覺悽然下淚。停二年，復得彌沙塞律、長阿含、雜阿含及雜藏本，並漢土所無。

　　既而附商人大舶還東，舶有二百許人。值大暴風，舶壞水入，衆人惶怖，即取雜物棄之。顯恐商人棄其經像，唯一心念觀世音及歸命漢土衆僧。大風晝夜十三日，吹舶至島下，治舶竟前，時陰雨晦冥，不知何之，唯任風而已，若值伏石及賊，萬無一全。行九十日，達耶婆提國[5]。停五月日，復隨他商侶東趣廣州。舉帆月餘日，中夜忽遇大風，舉舶震懼。衆共議曰："坐載此沙門，使我等狼狽，不可以一人故令一衆俱亡。"欲推棄之。法顯檀越厲聲呵商人曰："汝若下此沙門，亦應下我；不爾，便當見殺！漢地帝王奉佛敬僧，我至彼告王，必當罪汝！"商人相視失色，僶俛而止。既水盡糧竭，唯任風隨流。忽至岸，見藜藿菜依然，知是漢地，但未測何方。即乘小舶入浦尋村，遇獵者二人，顯問："此何地耶？"獵人曰："是青州長廣郡牢山南岸。"獵人還，以告太守李嶷。嶷素敬信，忽聞沙門遠至，躬自迎勞，顯持經像隨還。

頃之，欲南歸。時刺史請留過久[6]，顯曰："貧道投身於不返之地，志在弘通，所期未果，不得久停。"遂南造京師，就外國禪師佛馱跋陀，於道場寺譯出六卷泥洹、摩訶僧祇律、方等泥洹經、綖經、雜阿毗曇心，未及譯者，垂有百萬言。

顯既出大泥洹經，流布教化，咸使見聞。有一家，失其姓名，居近楊都朱雀門，世奉正化，自寫一部讀誦供養。無別經室，與雜書共屋。後風火忽起，延及其家，資物皆盡，唯泥洹經儼然具存，煨燼不侵，卷色無異。楊州共傳，咸稱神妙。

後到荊州，卒于新寺[7]，春秋八十有二[8]，眾咸慟惜。其所聞見風俗，別有傳記[9]。

（載出三藏記集卷十五）

【校注】

〔1〕僧祐出三藏記集卷十五及慧皎高僧傳卷三皆有法顯的傳記，湯用彤氏漢魏兩晉南北朝佛教史上冊（384頁）云："查僧傳法顯傳，全抄祐錄之文，而間加以改竄。但其改竄之處，往往甚誤。"湯氏並舉出實例數則以證明之，其言是也。且祐錄所載僧人傳記，爲今所見僧傳中之最早者，故在此附錄中即採用祐錄的法顯法師傳，而不再取僧傳中的釋法顯傳。其下智嚴、寶雲兩傳同此。

〔2〕北天竺：湯用彤氏上引書云，"北"字疑係"中"字。

〔3〕綖經：僧傳作"綫經"。

160

〔4〕玉像：磧本及頻伽本皆作“王像”；今依金陵刻經處刻本高僧傳改“玉像”。

〔5〕湯用彤氏上引書云：“祐録據佛國記叙行至耶婆提事文甚明，僧傳修改之，其文甚誤。”可見僧傳所記法顯自師子國附舶僅十餘日即達耶婆提，其時間恐不可靠。

〔6〕過久：磧本作“過冬”；今依頻伽本改“過久”。

〔7〕新寺：僧傳作“辛寺”。

〔8〕八十有二：僧傳作“八十有六”。

〔9〕其所聞見風俗別有傳記：此所云“傳記”，即指法顯傳而言。僧傳將此句改作“其遊履諸國別有大傳焉”。湯用彤氏上引書云：“後人因據此‘大傳’二字，而猜度法顯之遊記名爲法顯大傳。實則慧皎隨意抄改，未必精審而字字可據也。”

（二）　智嚴法師傳

釋智嚴，不知何許人。弱冠出家，便以精勤著名，納衣宴坐，蔬食永歲。志欲廣求經法，遂周流西域。進到罽賓[1]，遇禪師佛馱跋陀羅，志欲傳法中國，乃竭誠要請，跋陀嘉其懇至，遂共東行。於是踰涉雪山，寒苦嶮絶，斸冰茹木，頻於危殆。綿歷數載，方達關中。常依隨跋陀，止於長安大寺。頃者，跋陀橫爲秦僧所擯，嚴與西來徒衆並分散出關，仍憩山東精舍，坐禪誦經，力精修學。晉義熙十二年，宋武帝西伐長安，剋捷旋旆，墢出山東。時始興公王恢從駕，遊觀山川，至嚴精舍，見其同志三僧，各坐繩床，禪思湛然。恢至，良久不覺。於是彈指，三人開眼，俄而還閉，不與交言。恢心敬其奇，訪諸耆老，皆云：“此三僧隱居積年，未嘗出山。”恢即啓宋武，延請還都，莫肯行者。屢請懇至，二人推嚴隨行。恢道懷素篤，禮事甚備。還都即住始興寺，嚴性虛靜，志避囂塵，恢乃於東郊之際，更起精舍，即枳園寺也。嚴前還於西域，得梵本衆經，未及譯寫。到宋元嘉四年，乃共沙

162

門寶雲譯出普耀、廣博嚴淨及四天王凡三部經。在寺不受別請,遠近道俗敬而服之。

其未出家時,嘗受五戒,有所虧犯,後入道受具足,常疑不得戒,每以爲懼。積年禪觀而不能自了,遂更汎海重到天竺,諮諸明達。值羅漢比丘,具以事問羅漢,羅漢不敢判決,乃爲嚴入定,往兜率宮諮彌勒,彌勒答稱:"得戒。"嚴大喜躍,於是步歸。行至罽賓,無疾而卒,時年七十八。外國之法,得道僧無常與凡僧別墊一處,嚴雖苦行絕倫,而時衆未判其得道信否。欲墊凡僧之墓,抗舉嚴喪,永不肯起,又益人衆,不動如初,衆咸驚怪。試改向得道墓所,於是四人輿之,行駛如風,遂得窆墊。後嚴弟子智羽、智達、智遠從西域還[2],報此消息訖,俱還外國。

(載出三藏記集卷十五)

【校注】

〔1〕進到罽賓:僧傳卷三釋智嚴傳此下多一段文字,記智嚴到罽賓後,"入摩天陀羅精舍,從佛馱先比丘諮受禪法,漸染三年,功踰七載。佛馱先見其禪思有緒,特深器異,彼諸道俗聞而歎曰:'秦地乃有求道沙門矣。'始不輕秦類,敬接遠人。"以下再述要請佛馱跋陀羅東來事。

〔2〕智羽智達智遠從西域還:頻伽本作"智羽智達遠從西域還";僧傳作"智羽智遠故從西來"。智達、智遠當是一人。

（三） 寶雲法師傳

　　釋寶雲，未詳其氏族，傳云，涼州人也。弱年出家，精勤有學行，志韻剛潔，不偶於世，故少以直方純素爲名。而求法懇惻，忘身徇道，誓欲躬覩靈跡，廣尋羣經。遂以晉隆安之初，遠適西域，與法顯、智嚴先後相隨，涉履流沙，登踰雪嶺，勤苦艱危，不以爲難。遂歷于闐、天竺諸國，備覩靈異。乃經羅刹之野，聞天鼓之音，釋迦影跡，多所瞻禮。雲在外域遍學梵書，天竺諸國音字詁訓悉皆貫練。後還長安，隨禪師佛馱跋陀羅受業，修道禪門，孜孜不怠。俄而禪師橫爲秦僧所擯，徒衆悉同其咎，雲亦奔散。會廬山釋慧遠解其擯事，共歸楊州，安止道場寺。僧衆以雲志力堅猛，弘道絶域，莫不披衿諮問，敬而愛焉。雲譯出新無量壽，晚出諸經，多雲所譯。常手執梵本，口宣晉語，華梵兼通，音訓允正，雲之所定，衆咸信服。初，關中沙門竺佛念善於宣譯，於符、姚二世，顯出衆經。江左練梵，莫踰於雲，故於晉、宋之際，弘通法藏，沙門慧觀等咸友而善之。雲性好幽居，以保閑寂，遂適六合山寺,譯出佛所行讚經。山多荒民,俗好草竊,雲説法教誘,多有改惡,禮事供養,十室而八九。頃之,道場慧觀臨卒,請雲還都,總理寺任,雲不得已而還。居歲餘,復還六合,以元嘉二十六年卒,春秋七十餘[1]。其所造外國,別有記傳,徵士豫章雷次宗爲其傳序。

（載出三藏記集卷十五）

【校注】

〔1〕七十餘:僧傳卷三釋寶雲傳作"七十有四"。

（四） 法顯得本出經録

大般泥洹經六卷,<u>晉義熙</u>十三年十一月一日<u>道場寺</u>譯。

方等泥洹經二卷,今闕。[1]

摩訶僧祇律四十卷,已入律録。

僧祇比丘戒本一卷,今闕。[2]

雜阿毗曇心十三卷,今闕。

雜藏經一卷。

綖經,梵文,未譯出。

長阿含經,梵文,未譯。

雜阿含經,梵文,未譯。

彌沙塞律,梵文,未譯。

薩婆多律抄,梵文,未譯。

佛遊天竺記一卷。

> 右十一部,定出六部,凡六十三卷,<u>晉安帝</u>時沙
> 門<u>釋法顯</u>以<u>隆安</u>三年遊<u>西域</u>,於<u>中天竺</u>、<u>師子</u>
> <u>國</u>得梵本,歸京都,住<u>道場寺</u>,就<u>天竺</u>禪師<u>佛馱</u>

跋陀共譯出。其長、雜二阿含、綖經、彌沙塞律、薩婆多律抄，猶是梵文，未得譯出。[3]

（載出三藏記集卷二）

【校注】

〔1〕湯用彤氏云：此方等泥洹經一條"似不確，蓋方等泥洹實即六卷本之誤傳"。又云："法顯如譯此，亦已佚。"（見湯氏所撰漢魏兩晉南北朝佛教史下冊603、606頁）

〔2〕此戒本疑即歷代三寶紀卷七之僧祇尼戒本一卷，亦即開元釋教錄卷三之僧祇比丘尼戒本一卷。

〔3〕法顯傳記法顯在巴連弗邑尚得有摩訶僧祇阿毗曇，今傳世經錄自出三藏記集以下皆未載。

（五） 六卷泥洹出經後記

　　摩竭提國巴連弗邑阿育王塔天王精舍優婆塞伽羅先，見晉土道人釋法顯遠遊此土，爲求法故，深感其人。即爲寫此大般泥洹經，如來祕藏。願令此經流布晉土，一切衆生悉成平等如來法身。義熙十三年十月一日，於謝司空石所立道場寺，出此方等大般泥洹經，至十四年正月一日[1]校定盡訖。禪師佛大跋陀手執梵本，寶雲傳譯。于時座有二百五十人。

（載出三藏記集卷八）

【校注】

〔1〕一日：頻伽本作“二日”。

168

（六） 摩訶僧祇律私記

中天竺昔時暫有惡王御世，諸沙門避之四奔，三藏比丘星離。惡王既死，更有善王，還請諸沙門還國供養。時巴連弗邑有五百僧，欲斷事而無律師，又無律文，無所承案，即遣人到祇洹精舍寫得律本，于今傳賞。法顯於摩竭提國巴連弗邑阿育王塔南天王精舍寫得梵本還楊州，以義熙十二年歲在丙辰十一月[1]於鬬場寺出之，至十四年二月末都訖，共禪師譯梵爲秦焉，故記之。

佛泥洹後，大迦葉集律藏爲大師宗，具持八萬法藏。大迦葉滅度後，次尊者阿難，亦具持八萬法藏。次尊者末田地，亦具持八萬法藏。次尊者舍那婆斯，亦具持八萬法藏。次尊者優波掘多，世尊記無相佛，如降魔因緣中說，而不能[2]具持八萬法藏，於是遂有五部名生。初曇摩掘多別爲一部，次彌沙塞別爲一部，次迦葉維復爲一部，次薩婆多，薩婆多者，晉言說一切有，所以名一切有者，自上諸部義宗各異，薩婆多者，言過去未來現在中陰各自有性，故名一切有。於是五部並立，紛然競起，各以自義爲是。時阿育王言："我今何以測其是非?"於是問僧："佛法斷事云何?"皆言："法應從多。"王言："若爾者,當行籌,知何衆多。"於是行籌,取本衆籌者甚多,以衆多故,故名摩訶僧祇,摩訶僧祇者,大衆也。

（摩訶僧祇律第四十卷後所附）

【校注】

〔1〕十一月：磧本作"十月",今依頻迦本改作"十一月"。

〔2〕不能：頻伽本作"亦能"。

（七） 婆麤富羅律記

　　婆麤富羅者，受持經典，皆說有我不說空相，猶如小兒，故名爲婆麤富羅，此一名僧祇律。律後記云：中天竺昔時暫有惡王御世，三藏比丘及諸沙門皆遠避四奔。惡王既死，善王更立，還請沙門歸國供養。時巴連弗邑有五百僧，欲斷事，既無律師，又闕律文，莫知承案。即遣使到祇洹精舍，寫此律文，衆共奉行。其後五部傳集，諸律師執義不同，各以相承爲是，爭論紛然。于時阿育王言：“我今何以測其是非？”於是問僧：“佛法斷事云何？”皆言：“法應從多。”王言：“若爾，當行籌，知何衆多。”既而行籌，婆麤富羅衆籌甚多，以衆多故，改名摩訶僧祇，摩訶僧祇者，言大衆也。沙門釋法顯遊西域，於摩竭提巴連弗邑阿育王塔天王精舍寫得梵本，賫還京都，以晉義熙十二年歲次壽星十一月，共天竺禪師佛馱跋陀於道場寺譯出，至十四年二月末乃訖。

（載出三藏記集卷三）

（八）　彌沙塞律記

　　彌沙塞者,佛諸弟子受持十二部經,不作地相水火風相虛空識相,是故名爲彌沙塞部,此名爲五分律,比丘釋法顯於師子國所得者也。法顯記云:顯本求戒律,而北天竺諸國皆師師口傳,無本可寫,是以遠涉,乃至中天竺,於摩訶乘僧伽藍得一部律,是摩訶僧祇。復得一部抄律,可七千偈,是薩婆多衆律,即此秦地衆僧所行者也。又得雜阿毗曇心,可六千偈。又得一部綖經,二千五百偈。又得一部方等泥洹經,可五千偈。又得摩訶僧祇阿毗曇。法顯住三年,學梵書梵語,悉寫之,於是還。又至師子國,二年,更求得彌沙塞律梵本。法顯以晉義熙二年還都。歲在壽星,衆經多譯,唯彌沙塞一部未及譯出而亡。到宋景平元年七月,有罽賓律師佛大什,來至京都,其年冬十一月,瑯瑘王練、比丘釋慧嚴、竺道生[1]於龍光寺請外國沙門佛大什出之。時佛大什手執梵文,于闐沙門智勝爲譯,至明年十二月都訖。[2]

（載出三藏記集卷三）

172

【校注】

〔1〕出三藏記集卷十五道生法師傳云："初,沙門法顯於師子國得彌沙塞律梵本,未及譯出而亡。生以宋景平元年十一月於龍光寺請罽賓律師佛大什執梵文,于闐沙門智勝爲譯。此律照明,蓋生之功也。"

〔2〕佛陀什(即佛大什)等譯彌沙塞部和醯五分律附有後記如下:"罽賓律師佛陀什,彌沙塞部僧也。以大宋景平元年秋七月達于楊州,冬十一月,晉侍中瑯琊王練、比丘釋慧嚴、竺道生請令出焉。佛陀什謹執梵文,于闐沙門智勝爲譯,至明年十二月都訖。考正理歸,文存簡備,雖不窮源,庶無大過,願以塵露,崇廣山海,貽于萬代同舟云爾。"

（九） 參考書目

説明：

〔1〕凡前在“校注説明”中已開列各書，在此參考書目中不再複出。

〔2〕對於藏經中所收釋典，其書名下注有（頻）字者，係用頻伽精舍校刊大藏經本；兼注（磧、頻）二字者，兼用影印宋磧砂藏經本及頻伽藏本。

出三藏記集　梁僧祐撰（磧、頻）

衆經目録　隋法經等撰（磧、頻）

歷代三寶紀　隋費長房撰（磧、頻）

大唐内典録　唐道宣撰（磧、頻）

古今譯經圖紀　唐靖邁撰（磧、頻）

開元釋教録　唐智昇撰（磧、頻）

貞元新定釋教目録　唐圓照撰（頻）

高僧傳　梁慧皎撰（磧、頻）

續高僧傳　唐道宣撰（頻）

弘明集　梁僧祐撰（四部叢刊本）

廣弘明集　唐道宣撰（四部叢刊本）

法苑珠林　唐道世撰（頻）

翻譯名義集　宋法雲編（四部叢刊本）

一切經音義　唐玄應撰（叢書集成本）

新譯大方廣佛華嚴經音義　唐慧苑述（磧）

釋氏要覽　宋道誠集（大正藏第五十四卷）

佛説大般泥洹經　東晉法顯等譯（頻）

佛説雜藏經　東晉法顯譯（頻）

摩訶僧祇律　東晉佛陀跋陀羅共法顯譯（磧、頻）

摩訶僧祇比丘尼戒本　東晉法顯共覺賢譯（頻）

大般涅槃經　東晉法顯（?）譯（頻）

洛陽伽藍記校釋　周祖謨校釋（科學出版社）

宋雲行紀箋註（載西域南海史地考證譯叢六編）沙畹（E. Cha-
　vanens）著　馮承鈞譯（中華書局）

大唐西域記　章巽校點本（上海人民出版社）

大慈恩寺三藏法師傳　唐慧立本　彥悰箋（日本景印高麗藏
　本、支那内學院校本）

釋迦方志　唐道宣撰（頻）

南海寄歸内法傳　唐義淨撰（頻）

大唐西域求法高僧傳　唐義淨撰（頻）

大唐西域求法高僧傳　日本足立喜六譯註本（岩波書店）

慧超往五天竺國傳　日本藤田豐八箋釋本（泉壽東文書藏校
　印）

大寶積經　唐菩提流志譯集（頻）

六度集經　吳康僧會譯（頻）

佛昇忉利天爲母説法經　西晉竺法護譯（頻）

妙法蓮華經　後秦鳩摩羅什譯（頻）

增一阿含經　東晉瞿曇僧伽提婆譯（頻）

中阿含經　東晉瞿曇僧伽提婆譯（頻）

佛説長阿含經　後秦佛陀耶舍共竺佛念譯（頻）

雜阿含經　劉宋求那跋陀羅譯（頻）

佛本行集經　隋闍那崛多譯（頻）

彌沙塞部和醯五分律　劉宋佛陀什共竺道生等譯（磧、頻）

根本説一切有部毗奈耶雜事　唐義淨譯（頻）

善見律毗婆沙　蕭齊僧伽跋陀羅譯（頻）

瑜伽師地論　唐玄奘譯（頻）

大智度論　後秦鳩摩羅什譯（頻、大正藏第二十五卷）

阿毗達磨俱舍論　唐玄奘譯（頻）

雜阿毗曇心論　劉宋僧伽跋摩等譯（頻）

異部宗輪論　唐玄奘譯（頻）

阿育王傳　西晉安法欽譯（頻）

阿育王經　梁僧伽婆羅譯（頻）

集神州三寶感通録　唐道宣撰（頻）

歷代藏經考略　葉恭綽撰（載張菊生先生七十生日紀念論文
集）（商務印書館）

毛詩正義　（阮刻十三經注疏本）

春秋左傳正義　（阮刻十三經注疏本）

孟子注疏　（阮刻十三經注疏本）

史記　（商務印書館百衲本）

漢書　（百衲本）

後漢書　（百衲本）

三國志　（百衲本）

晉書　（百衲本）

魏書　（百衲本）

周書 （百衲本）

隋書 （百衲本）

北史 （百衲本）

舊唐書 （百衲本）

新唐書 （百衲本）

宋史 （百衲本）

清史稿 （清史館鉛字排印本）

資治通鑑 （胡克家刻本）

通典 唐杜佑撰（萬有文庫本）

十六國春秋輯補 湯球撰（廣雅書局刊）

十六國春秋纂錄校本 湯球撰（廣雅書局刊）

文選 （胡克家刻本）

初學記 唐徐堅等撰（嘉靖晉府重刊本）

太平御覽 宋李昉等撰（四部叢刊本）

説郛 張宗祥輯明鈔本（商務印書館）

括地志 孫星衍輯本（岱南閣叢書）

元和郡縣圖志 唐李吉甫撰（叢書集成本）

太平寰宇記 宋樂史撰（金陵書局本）

欽定皇輿西域圖志 （杭州便益書局石印本）

嘉慶重修一統志 （商務印書館景印本）

道光敦煌縣志

楚辭 （四部叢刊本）

淮南鴻烈集解 劉文典撰（商務印書館）

齊民要術 後魏賈思勰撰（四部叢刊本）

酉陽雜俎 唐段成式撰（四部叢刊本）

諸蕃志校注 馮承鈞撰（中華書局）

塔里木盆地考古記　黃文弼著(科學出版社)

吐魯番考古記　黃文弼著(中國科學院)

觀堂集林　王國維著(中華書局)

往日雜稿　湯用彤著(中華書局)

歷代求法翻經録　馮承鈞著(商務印書館)

西域之佛教　羽溪了諦著　賀昌羣譯(商務印書館)

中印文化關係史論叢　季羨林著(人民出版社)

正法念處經閻浮提洲地誌勘校録　烈維(Sylvain Lévi)著　馮
　承鈞譯(商務印書館)

西域南海史地考證論著彙輯　馮承鈞撰(中華書局)

吐火羅語考　列維等著　馮承鈞譯(中華書局)

西突厥史料　沙畹著　馮承鈞譯(商務印書館)

我國古代的海上交通　章巽著(商務印書館)

交廣印度兩道考　伯希和(Paul Pelliot)著　馮承鈞譯(商務印
　書館)

蘇門答剌古國考　費瑯(G. Ferrand)著　馮承鈞譯(商務印書
　館)

我的探險生活　斯文·赫定(Sven A. Hedin)著　孫仲寬譯(西
　北科學考查團印行)

中亞古國史　麥高文(William Montgomery McGovern)著章巽譯
　(中華書局)

R. C. Majumdar(General Etitor):The History and Culture of the In-
　dian people,vols. Ⅱ,Ⅲ. Bombay.

B-C. Law:Historical Geography of Ancient India. Calcutta.

W. W. Rockhill:The Life of the Buddha. London.

Thomas Watters:On Yuan Chwang's Travels in India,629—645A.

178

D. London.

解説西域記　堀謙德撰（東京文榮閣）

大唐西域記の研究　足立喜六著（東京法藏館）

佛學大辭典　丁福保編（上海醫學書局）

西域地名　馮承鈞編（陸峻嶺增訂本，中華書局）

中華人民共和國地圖集（地圖出版社）

世界地圖集（地圖出版社）

中國歷史地圖集　顧頡剛、章巽編（地圖出版社）

水經注圖　楊守敬編（觀海堂刊）

古航海圖考釋　章巽編（海洋出版社）

Andrees Allgemeiner Handatlas. Bielefeld und Leipzig.

Philips' Record Atlas. London.

Road Map of India.

R. R. Sellman：An Outline Atlas of Eastern History. London.

William R. Shepherd：Historical Atlas. New York.

補　注

1. 原書正文第 3 頁，"西行之始"節注〔6〕

　　身毒、天竺、天篤，均爲古代中國指稱印度之名。通常認爲"身毒"源於梵語 Sindhu，二者讀音接近，故可比定。其實不然，蓋因 Sindhu 之本義爲"河流"，後則專指今之印度河。公元前六世紀，操伊朗語的波斯人從西北方進入印度，首遇此河，故以河流之名命名這一地區。由於梵語和伊朗語的發音中存在 s-h 交替的現象，而古代伊朗語中則沒有 dh 之類的送氣濁輔音，故 Sindhu 一詞在伊朗語中遂讀成 Hindu。

　　漢文名"身毒"見於《史記》的《大宛列傳》及《西南夷列傳》，其語音並非直接源自 Sindhu，而是以伊朗語爲中介的。它是公元前二世紀，張騫在大夏（Bactria）時聽說的印度名稱，故其來源當是伊朗語的 Hinduka。"身"字，在古漢語中乃顎音送氣音，而非齒音送氣音，在漢代的發音近似於 * hen 或 * hīn。至於"天竺"的讀音，在漢代則與"身毒"很接近：按劉熙《釋名》，存在"天 > 顯（hen）"的現象，所以，漢代"天"的讀音有 hen 和 t'an 兩讀，"天竺"中的"天"當讀爲 hen；古代舌頭、舌上音不分，"竺"今讀爲舌上音，但漢代當讀爲舌頭音，可以構擬爲 tūk。因此之故，漢代的"天竺"應讀爲 * hentūk，與伊朗語 hinduka 相對應，則其直接來源便可能是 hinduka，與"身毒"相同。此說參見

180

師覺月（P. C. Bagchi），*Ancient Chinese Names of India*，Monumenta Serica（《夏裔學志》），Vol. XIII，1948，pp. 366 – 375；錢文忠《印度的古代漢語譯名及其來源》，載《天竺與佛陀》，上海書店出版社，2007 年，第49—61 頁。

2. 原書正文第 19 頁，"竭叉國"節注〔3〕

般遮越師，章先生原注謂"梵文 pañcapariṣad 之音譯"，似當改爲"梵文 pañcavārṣi（ka）之音譯"。關於 Pañcavārṣika 即"五年大會"之說，可參閱寧梵夫（Max Deeg），*Origins and Development of the Buddhist Pañcavārṣika—Part I：India and Central Asia*，Nagoya Studies in Indian Culture and Buddhism：Saṃbhāṣā，16，1995，pp. 67 – 90；*Part II：China*，Nagoya Studies in Indian Culture and Buddhism：Saṃbhāṣā，18，1997，pp. 63 – 96.

3. 原書正文第 31 頁，"犍陀衛國"節注〔2〕

犍陀衛，章先生原注謂"梵文 Gandhavat 之音譯"。然而，似應改作"梵文 Gandhāvatī 之音譯"。

4. 原書正文第 32 頁，"竺刹尸羅國"節注〔2〕

章先生原注認爲，《法顯傳》"竺刹尸羅（Takṣaśilā），漢言截頭也。佛爲菩薩時，於此處以頭施人，故因以爲名"之說，是出於誤解。但是，此說實際上卻有所根據。竺刹尸羅（呾叉始羅）歷史甚古，但其得名之由，則至今尚未完全解決。可參閱巴基斯坦學者艾哈默德・哈桑・達尼（Ahmad Hasan Dani）著，劉麗敏譯，陸水林校《歷史之城塔克西拉》（*The Historic City of Taxila*），北京：中國人民大學出版社，2005 年，第2—6 頁。

5. 原書正文第 34 頁，"弗樓沙國"節注〔5〕

關於貴霜王朝的年代及世系，近年來有新的發現和研究，可參閱 N. Sims-Williams and J. Cribb，*A New Bactrian Inscription of*

Kanishka the Great, Silk Road Art and Archaeology, Journal of the
Institute of Silk Road Studies, Kamakura, 4, 1996, pp. 75 – 142; N.
Sims-Williams, *Further notes on the Bactrian Inscription of Rabatak,
with an Appendix on the Names of Kujula Kadphisis and Vima Taktu
in Chinese*, in N. Sims-Williams (ed.) Proceedings of the Third Eu-
ropean Conference of Iranian Studies, I: Old and Middle Iranian
Studies, pp. 79 – 92 (Wiesbaden, 1998)

6. 原書正文第 36 頁, "弗樓沙國" 節注〔15〕

迦膩色迦所建之佛塔, 即後世記載的 "雀犁(雀離) 浮圖",
今白沙瓦 Shāh-Jī-Kī Ḍherī遺址。參閱寧梵夫, *Legend and Cult—
Contributions to the History of Indian Buddhist Stūpas, Part I: The
Stūpa of Kaniṣka*, Buddhist Studies Review, Vol. 21, 1, 2004, pp. 1
– 24.

7. 原書正文第 37 頁, "弗樓沙國" 節注〔17〕

關於佛鉢的傳說, 可參閱桑山正進(Shōshin Kuwayama),
The Buddha's Bowl in Gandhāra and Relevant Problems, in M. Tad-
dei (ed.), South AsianArchaeology, 1987: Proceedings of the Ninth
International Conference of the Association of South Asian Archaeol-
ogists in Western Europe, Part 2, Rome, 1990, pp. 945 – 978.

8. 原書正文第 37 頁, "弗樓沙國" 節注〔18〕

章先生原注及巴基斯坦學者達尼都認爲, 此處的 "月氏王"
可指貴霜王丘就卻(Kujula Kadphises)。但按目前流行的看法,
則將該 "月氏王" 比定爲迦膩色迦, 如榎一雄曾有詳細考證(Ka-
zuo Enoki, *On the Date of the Kidarites*, in Studia Asiatica: The Col-
lected Papers in Western Languages of the Late Dr. Kuzuo Enoki,
Tokyo, 1998, pp54 – 106)。不過, 法顯在罽膩迦王起大塔傳說

中,已經提及迦膩色迦之名（"罽膩迦"即"迦膩色迦"之異譯名），後文又稱"月氏王"而不提其名，可見所述並非同一人。最近,有學者認爲,法顯記載的"月氏王"即是指寄多羅。此說當可作進一步的研究。

9. 原書正文第 82 頁,"毗舍離國"節注〔10〕

關於"放弓仗塔",可以參閱寧梵夫, *Legend and Cult—Cintributions to History of Indian Buddhist Stūpas, Part 2 : the Stūpa of Laying Down the Bows*, Buddhist Studies Review, Vol. 21, 2, 2004, pp. 119 – 149.

10. 原書正文第 132 頁,"王城及佛齒供養"節注〔10〕

章先生原注認爲,"薩薄"即 Saba 地區之居民（Sabaean）的對音。但近年流行的說法,則以"薩薄"爲梵語 Sārthavāha 之音譯,意爲商人、商主。《法顯傳》之前,此名已見於漢文佛經,如後漢康孟詳譯的《興起行經》卷上、吳康僧會譯的《舊雜譬喻經》卷上、西秦聖堅譯的《羅摩伽經》卷中、道略集《雜譬喻經》,以及後秦弗若多羅譯的《十誦律》卷二五、二六、四一等。有關說法,可參閱 Albert E. Dien, *The Sa-Pao Problem Re - Examined*, Journal of the American Oriental Society, 82, 1962, pp. 335 – 346；榮新江《薩保與薩薄:北朝隋唐胡人聚落首領問題的爭論與辨析》,載葉奕良編《伊朗學在中國論文集》（第三集）,北京大學出版社,2003 年,第 128—143 頁。

然而,龔方震先生對《法顯傳》這段原文的句逗及語源仍有不同見解。首先,他認爲原文當讀作"其城中多居士、長者薩薄、商人",而非"其城中多居士、長者、薩薄商人"；其次,這裏的"薩薄"當是敘利亞語"Saba（長者）"的音譯；再次,師子國出現敘利亞語名稱的原因是"因商人來住故,諸國人聞其土樂,悉亦復來";最後,故《法顯傳》的"薩薄"與佛經及高昌文書等處的"薩薄",乃是同名而異義。參閱龔方震、晏可佳《祆教史》,上海社會科學院出版社,1998年,第278—281頁。

11. 有關法顯前赴天竺的地理路線考證和研究,除了最有影響的長澤和俊"法顯の入竺求法行"(《シルク・ロード史研究》,東京:國書刊行會,1979年,第415—439頁)與章先生本書兩家外,最近,余太山先生在他們的基礎上,就若干爭議較多的問題提出了新的見解,並結合智猛和曇無竭的入竺路線,作了比較研究,使法顯的入竺行程更趨清晰。可參閱余太山《關於法顯的入竺求法路線——兼說智猛和曇無竭的入竺行》,載《歐亞學刊》第六輯,中華書局,2007年6月,第138—153頁。